JN333889

脱ワンマン経営!

忙しすぎる社長の教科書

前田浩樹
Maeda Hiroki

ビジネス社

社長が〝バタバタ駆けずり回る〟ワンマン経営

あなたは、いつまで続けるつもりですか？

はじめに　忙しすぎる社長様へ

社長がバタバタ駆けずり回るワンマン経営

あなたは、いつまで続けるつもりですか？

あなたは忙しすぎて、気が休まらない毎日を過ごされていることでしょう。あなたの代わりがいないこともわかっています。

でも、もし、

- あなたの後継者や右腕である幹部に、あなたの役割をもっと任せたいと考えているなら、
- 今よりもずっと楽に、もっと確実に業績をあげたいと考えているなら、
- あなたが理想としている「ビジョン」を必ず実現したいなら、

この後を続けて読んでみてください。きっと後悔しないはずです。

前田　浩樹

CONTENTS

第2章

従業員を心理誘導するための「7つの原則」

第3章

“ビジョン型のカルチャー”に変える「7つのステップ」

第4章 〝ビジョン型のカルチャー〟を定着させる「3つのポイント」

おわりに

第1章

脱ワンマン経営大作戦

組織カルチャーを劇的に変える新手法
「影響力の経営」とは

忙しすぎる〝あなた〟に質問です

世の中には、従業員が揃って躍動し、組織全体にあふれるエネルギーを感じる会社があります。このような会社は、お客様や関係者から絶大な支持を得て、当然のように高い業績をあげています。

一方で、従業員に元気がない、組織に表情がない、感動がない。周りから見ていても、まったく魅力が感じられない会社があります。このような状況になると、当然ながら業績も厳しくなる一方です。

これが「上手くいっている会社」と「そうでない会社」です。両方とも経営者は「業績をあげたい」「良い組織にしたい」と思いながら日々奮闘されているはずです。それなのに、なぜ、このような違いが出るのでしょうか？　市場や業界の環境でしょうか？　そんなことは、ありません。どの市場、どの業界、どの環境でも上手くいっている会社とそうでない会社の両方が必ず存在しています。取り巻く環境が理由ではないのです。

では上手くいっている会社がもっていて、そうでない会社がもっていない、その違いとは何なのでしょうか？

上手くいっている会社とそうでない会社の違いとは？

「上手くいっている会社」と「そうでない会社」の違い。それには、さまざまな観点がありますが、集約すると次の5つになると考えます。

1・会社の目的（つまりビジョン）が明確か？
2・目的が実行に落とし込まれているか？
3・従業員の意欲は高いか？
4・組織のチームワークは良いか？
5・良い雰囲気（つまり組織風土＝カルチャー）が流れているか？

「上手くいっている会社」は、この5つすべての水準が高い。そして、もっとも重要なのは、5つすべてを連動させることにより、会社をグイグイ推進させていることです。つまり会社の目的（ビジョン）を基点に、会社のさまざまな要素を〝有機的につなげる〟力がスゴイのです。

上手くいっていない会社は、その反対です。〝目的〟〝実行力〟〝従業員の意欲〟〝チームワーク〟〝組織風土〟のどれか、もしくは複数に深刻な問題があります。

そして、「上手くいっている会社」とのもっとも大きな違い。それは〝目的〟〝実行力〟〝従業員の意欲〟〝チームワーク〟〝組織風土〟、これらが「連動」していないことです。それぞれの機能がバラバラなのです。

目的が良くても、それに合致した行動をとらなければ成果は出ない。従業員1人ひとり頑張っていても、チームとしてはバラバラで連携していなければ成果は出ない。従業員の能力は高くても、会社の雰囲気が悪ければ能力は発揮されない。

いかがでしょうか。上手くいっていない会社は、一言で言えば「チグハグ」なのです。そうなると次のような負の症状が蔓延していきます。

- **会社には感動がない、表情がない**
- **従業員は忙しく働いているのに業績があがらない**
- **従業員同士の本音・本質のぶつかり合いがない。表面的、形式的な人間関係**
- **会社の雰囲気が良くない。外から見ていても会社の魅力が乏しい**

実は、このチグハグとワンマン経営とは大いに関係があるのです。

ワンマン経営の限界

〝目的〟〝実行力〟〝従業員の意欲〟〝チームワーク〟〝組織風土〟の関係が「チグハグ」であると、経営者はどのように対処するのでしょうか？　経営者が1人ですべてを補おうとするのです。チグハグさを力ずくでコントロールしなければ会社が機能しない。だからワンマンにならざるを得ないのです。

ワンマン経営とは、経営者個人の馬力に頼っている経営です。一方で、ワンマン経営者の多くは〝ワンマン〟であることに問題意識をもっています。だからワンマン経営者に限って、従業員に言うのです。「みんなのチームワークが大切」と。

ビジネス著作家のカリスマであるセス・ゴーディンは、次のように言います。

――会社が押しつけるチームワークは成功しない。上に立つ人間がチームワークという言葉を口にするときは「言われた通りにやれ」と言っているのと同じだ――。

あなたは「言われた通りにやれ」になっていませんか？

〝目的〟〝実行力〟〝従業員の意欲〟〝チームワーク〟〝組織風土〟、これらが連動せずチグハグになっている。このこととワンマン経営は表裏一体の関係です。

- **「チグハグ」だから、経営者がバタバタ駆けずり回る「ワンマン経営」になる**
- **「ワンマン経営」で何とか会社が回っているので「チグハグ」なままで放置してしまう**

・いつまでも「チグハグ」なままだから「ワンマン経営」は止められない

このような負の循環が続くのです。

でも、考えてみてください。このままワンマン経営がずっと続いたらどうなるでしょうか？ 会社を成長させ続けようとすれば、経営者の稼働を増やし続けなければならないことになります。しかし経営者の身体は1つ。そして1日は24時間と限られています。ワンマン経営が続いたら、会社の成長に限界が来るのは明白です。

さらに大きな問題があります。それは経営者が不在になってしまったら、会社は回らなくなってしまう可能性があることです。ワンマン経営は、経営者個人の能力に極端に依存している状態。依存度が高いがゆえに、経営者が不在になったら会社が立ち行かなくなってしまうことがあるのです。実際、カリスマ社長が退任したら会社が不調になったというのは、よく耳にする話です。

経営者がバタバタ駆けずり回るワンマン経営。あなたはいつまで続けるつもりですか？

なぜ、あなたは誰かに任せることができないのか？

ワンマン経営を脱却するとは、会社がどういう状態になることでしょうか？

・社長中心のワンマンプレーから「従業員中心の組織プレー」へ
・従業員は今よりもっと自分たちで考え、行動する
・従業員たちはチームプレーで効率よく成果をあげる
・短期間に稼ぐだけでなく、将来にわたり稼ぎ続ける会社になる
・会社のナンバー2や後継者、幹部に、権限移譲できるようになる
・社長は一段上のステージに上がる。将来の構想や他社経営者との関係づくりにもっと時間を割けるようになる。

いかがでしょうか。もしワンマン経営を脱却することができれば、これらを手に入れることができるのです。経営者のあなたが、1つひとつのことに細かく介入しなくても、あなたの思い通りに従業員と組織が動く。そしてワンマン経営のときよりも、ずっと効率よく稼いでくれる。

夢のような話だと思われるかもしれません。でも、あなたに言いたいのです。「そんな経営のあり方を目指してみませんか？」と。

ワンマン経営とは、言い換えれば社長が誰かに任せることができないこと。「誰か」を具体的に言えば、会社のナンバー2や後継者、幹部などです。なぜ、あなたは、その人たちに任せることができないのでしょうか？

それは、ナンバー2や後継者、幹部には、あなたの意図を汲んだ会社運営ができないと思っているからです。

では、あなたのビジョンを、幹部や従業員が十分に理解しているとしたら。そして、あなたの思い通りに、従業員みんなが心から動こうとしている……そのような雰囲気が会社全体に流れていたらどうでしょうか？　たとえ組織や従業員がまだ未熟だとしても、あなたはもっとナンバー2や後継者、幹部に任せることができる。そして従業員を信頼できるとは思いませんか？

「あなたのビジョンを実現するように、思い通りに動いてくれる従業員と組織をつくる。そしてワンマン経営を脱却する」。これが私からあなたへの提案です。そのために開発したメソッド。それが「影響力の経営」です。

「影響力の経営」とは

影響力の経営とは、

経営者のビジョンを心から実現したくなるように従業員の「価値観（メンタルモデル）」を書き換える。それによって、ワンマン経営でなくても〝会社が回り続ける〟組織カルチャーへと変貌させるメソッド。

人の価値観を書き換え、動かす力。この方法はこれまでのマネジメントの常識とはまったく異なる新しいアプローチになります。このメソッドの開発には次の背景があります。

- **研究機関における延べ500件以上の経営コンサルティング、人材開発プログラムの現場実践**
- **2000人以上の経営者、経営幹部、管理職クラスの方々とのディスカッション**
- **大学院でのビジネスとクリエイティブ（表現）技法の融合領域の研究**
- **大学教授やデザイナーなど、さまざまな領域のプロフェッショナルに対するコーチング**

15年にわたる研究や諸々の経験・データをベースに、まとめあげた究極のメソッド。それが影響力の経営です。

最先端の「経営学＋心理学＋クリエイティブ技法」融合理論

影響力の経営は、人が動く本質を「経営学」「心理学」「クリエイティブ（表現）技法」の3つの領域から解き明かし、独自にまとめあげたものです。

経営学は、〝ビジョン〟〝戦略〟〝組織マネジメント〟などの経営課題を解決するうえでの基本となります。合理的な経営施策を行ううえで、研究に基づく理論はベースになるものです。しかし経営学だけでは「人を動かす力」を得ることはできません。人を動かす力は感情や価値観という人の心理の本質にいかに深く切り込むことができるかにかかっています。

人の心理を小手先のテクニックで書き換えることはできません。大事なのは人の心理を科学的に理解することです。本書では心理学を用いて、科学的に「価値観が書き換えられるメカニズム」を明らかにします。

価値観が書き換えられるメカニズムを駆動させ、人を動かすには、あるモノを投入する必要があります。人の心理を動かすうえで投入しなければならないものとは何でしょうか？

それは目や耳などから入る「情報」です。人は必ず目や耳から受け取った情報に刺激されて心が動き、その結果として行動を起こします。人を動かすためには、「どのような情報」を「どのように伝えるか」。これにかかっています。

人を動かす情報の使い方。これがクリエイティブ（表現）技法です。従業員の価値観を書き換えるうえで必要なのは、こちらが意図するように情報を受け取らせること。そのため、彼らに伝える情報を「言語化」「視覚化」し、心を操作するわけです。要は、人が反応するように言葉とビジュアルを操るのです。

人を反応させるために、実際にどのように言語化、視覚化した情報をつくり出し、使っていくのか。これまで経営学や心理学の分野においては、このことに関してまだまだ踏み込めていません。後出しジャンケンのような持論を流暢に語る評論家、経営コンサルタントでは、人を本質的に動かすことはできません。

従業員の価値観を書き換え、会社を圧倒的に支持される「ビジョン型チーム」に変化させる、まったく新しいメソッド。それが影響力の経営です。

経営者のステージと会社のステージ

これまで、あなたは必死に会社を育ててきたと思います。そしてワンマン経営者として多忙を極めているのが現在です。

人には、そのとき生きている「ステージ」が存在します。ワンマン経営者として駆けずり回っているのが、あなたの現在のステージです。その人の人生は、ステージに見合ったものにしかならないと言われています。もし、あなたがより大きなことを成したいのであれば、現在からステージを上げなければなりません。

このことは、あなたの会社にも同じことが言えます。現在より大きなことを成す会社にしたいのであれば、会社のステージを上げなければならないのです。

では、どのようにすればステージを上げることができるのか？　それには3つの条件があります。

まず1つ目の条件。現状のやり方をいったん脇に置いて考えることです。現状のやり方は「現状のステージ仕様」のやり方です。そのまま継続していたら、ステージが上がることはありません。現状のやり方は慣れ親しんだものであるため、これを前提にモノゴトを進めがちです。それをいったん脇に置いて考える勇気が必要です。

次に2つ目の条件です。それは「次のステージのあり方」を描くことです。会社をどのようなステージに上げたいのか、将来の理想とする姿です。これが会社のビジョンになります。なぜ、次のステージのあり方であるビジョンを描く必要があるのでしょうか？　目指すステージのあり方によって取り組み方が変わるからです。裏を返せば、何に取り組むべきかは、ビジョンによって決まるのです。

3つ目の条件は、次のステージに合わせた「会社の器」に変えることです。会社の器とは、組織や人材、そして会社のカルチャーです。現在の会社の器は、現在のステージに合わされた器になっているのです。

考えてみてください。会社のステージが上がるのに、現在の器で収まるでしょうか？　新しいステージに合ったもっと大きな器が必要になるはずです。

ステージと器（組織・人材・カルチャー）との関係。新しいステージに上がれば、器も自然に大きくなるのでしょうか？　そうではありません。器を大きくすることで、ステージを上げることができる。両者はこのような関係なのです。つまり器となる組織や人材、そして会社のカルチャーを変えることが、優先すべき課題なのです。

あなたの会社のステージを上げるための3つの条件を整理すると、

1・現在のステージのやり方をいったん脇に置くと決断する
2・次のステージとしての会社のビジョンを描く
3・ビジョンを実現するための器（組織・人材・カルチャー）をつくる

これが、あなたの会社のステージを上げるための条件になります。

本書の目的は、あなたの理想世界として描いたビジョンを実現するために、会社をビジョン型チームへと変化させること。そして、会社を新たなステージに引き上げることです。

会社のステージを上げるためには、経営者である〝あなた〟のステージも上げなければなりません。経営者もまた「会社の器」なのです。経営者がいつまでもワンマンで駆けずり回っているようでは、現状のステージにとどまることになってしまいます。あなたはワンマン経営から脱却して、もっと大きな視野と役割でビジョンに関わる。そして、会社をビジョン型チームにすることにパワーを配分すべきなのです。今のようにバタバタせずに。

ビジョンと組織カルチャー

想像してみてください。3年後の今日、あなたの会社はお客様から絶賛されています。「まさにあなたの会社〝らしい〟ですね」と。

あなたの会社は、どのような「らしさ」で他者から覚えられていたいですか?

人に「らしさ」という言葉を使うときは、その人の「人格」を表します。人格とは、その人のもつ性格、個性、行動様式を総合したものを指します。

会社の場合はどうでしょうか？「らしさ」を言われるときは、会社も人と同じです。１人ひとりに人格があるように、組織にもそれぞれの人格があるのです。

どのようなテクニックやスキル、発せられるメッセージも人格という土台の上にあってこそ意味がある。会社という組織も同じです。会社の人格であり、土台になるもの。それがカルチャー（組織風土）です。

元ラグビー日本代表監督の平尾誠二氏は、チームづくりとカルチャーについて次のように話しています。

「チームづくりは園芸に似ています。畑を耕し、種を蒔いて、水や肥料をあげておけば、いつか芽が出て花が咲き、実をつけるようになるからです。神戸製鋼には、いい種が集まってきたし、その種が育つのに適したいい土壌がありました。この土こそが僕の言う『カルチャー』にあたります。どんな土なら芽が出て花が咲き、実ができるのか。それを見極められることこそリーダーの重要な資質の一つなのだと考えます」（筆者 一部改変）。

平尾氏の話をあなたの会社に置き換えてみてください。目指すビジョン（状況）が異なれば、ふさわしいカルチャーもまた変わります。どのようなカルチャー（土）であれば、従業員が活躍し（花が咲き）、成果を出すことができる（実ができる）のか。それを見極められることこそ、経営者の重要な資質なのです。

会社の人格であり土台であるカルチャーを、ビジョンにふさわしいものに変えていく。これが本書で取り組むことです。

あなたは、どちらを選びますか？

ポイントを整理すると次のようになります。

- **会社の「土台」である「カルチャー」をビジョンにふさわしいものに変える**
- **そのために経営者は「従業員を動かす力」を身につける**
- **その力で従業員と組織を段階的に心理誘導し、変化させる**

会社のカルチャーを変えるのは、とても難易度の高い課題です。大変であるがゆえに、多くの会社は取り組むことができていないのです。しかし考えてみてください。もしあなたが、この大変な課題に取り組み、会社のカルチャーを変えることができたら、どうでしょうか？　他社と圧倒的な差異をつくり出すことができる可能性が出てきます。どの会社も手をこまねいている課題、それは裏を返すとチャンスなのです。

ここで、経営者のあなたに質問です。カルチャーに関わることとして、あなたは次のAとBのどちらを選びますか？

A：目先のことに追われて忙しい。将来のことを考える余裕はない
B：将来のビジョンを実現させるために「今」行動する

A：短期的な利益〝ばかり〟を追求する
B：長期的・継続的な利益を追求する

A：従業員は指示・命令して動かす
B：従業員が意欲をもって、進んで働くことができるようにする

A：従業員の感情はどうすることもできない
B：従業員の感情や気持ちに寄り添う

A：簡単にできる成功法はないものか？　手軽なノウハウやテクニックを求める
B：本質を変えなければ意味がない。会社の「土台」を変えるため自ら汗をかく

A：重要なことでも難しいことは先送りする
B：重要なことには難しくてもチャレンジする

A：いつまでも忙しいまま、その他多数の会社の中に埋もれる
B：規模は大きくなくても、元気で魅力的な会社というブランドを築く

いかがでしょうか。私が求めるのは、もちろん「B」です。しかし、どちらを選ぶかは、あなた次第なのです。もし、あなたが〝ビジョンにふさわしいカルチャー〟に変える決意をしたのであれば、経営者としての「人を動かす力」が絶対に必要です。では、どのようにすれば人を動かす力を手に入れることができるのでしょうか？

もし「人を動かす力」があれば……

あなたの理想世界である「ビジョン」を実現するように従業員を動かす。この力が経営者には必要なのです。あなたは従業員を思い通りに動かせていますか？　考えてみてください。あなたにどんなに情熱や志があっても、どんなにすばらしい商品をもっていても、従業員が動かなければビジネスは成り立ちません。

では、従業員があなたの思い通りに動いてくれたらどうでしょうか？　人を動かす力があれば、従業員は〝あなたが目指しているビジネスを実現しよう〟と理想的な行動をするようになります。まるで当たり前のように。そして今よりもずっと楽に、そして確実に成果を出し続ける組織にすることができるのです。

お客様が心の底から共感し、支持する会社とはどのような会社でしょうか？　それは、お客様のために圧倒的な行動を惜しまない従業員。常勝チームのように従業員同士が見事なチームワークで動いている組織。商品力以上に、このような「従業員と組織」がある会社ではないでしょうか。

あなたは、これまでも従業員と組織を良くするために、いろいろなことに取り組んできたはずです。その結果はどうでしたか？　従業員と組織の複雑な問題。これを〝従来の常識〟と言われている手法で解決することは、もはや難しいと言えるでしょう。

これから説明する〝最先端〟の「人を動かす力」。これがあれば、あなたが本当に望んでいる「魅力的な従業員と組織」を手に入れることができる。そう断言します。

危険!! モチベーションを上げようとしてはいけない

人を動かす力とは、経営者が威力や威厳をもつことでしょうか? 絶対に違います。経営者の威力や威厳により〝動かされている〟従業員や組織に表情や感動が生まれるでしょうか? この先ずっと業績をあげ続けられる力が組織に育まれるのでしょうか? そんなことは絶対ありません。威力や威厳があっても人が〝心から〟動くことはありません。むしろ心は離れていく一方です。

では威力や威厳ではない〝本物〟の人を動かす力とは、どのようなものでしょうか? それは従業員の心の中にスッと入り込む力です。彼らは入り込まれたことに気がつきません。いつの間にか従業員の意識と行動が変化するように「仕向ける」のです。そして従業員同士が相互に影響し合い、組織が変化していくように誘導するのです。

かのピーター・ドラッカーも言っていましたが、近年におけるもっとも重要な経営の論点は、人や組織の〝ソフト〟面、つまり「感情のマネジメント」です。これは感情のマネジメントが会社の成否を分けるということを意味しています。

ご存知の通り、経営学の領域を扱っている評論家やコンサルタントの先生は、たくさんいますが、彼らは口を揃えたようにこう主張します。

業績をあげるためには、

「従業員の〝意識改革〟をしなさい」

「従業員の〝モチベーション〟を上げなさい」

「社内の〝コミュニケーション〟を良くしなさい」

そして「これらが大事だというメッセージを従業員に伝えなさい」

この主張をあなたはどのように感じますか？　表面的には正しい論理に思えますよね。しかし考えてみてください。

「意識を変えろ」と言われて人は意識を変えることができるのでしょうか？「モチベーションを上げろ」と言われた人はモチベーションが上がるのでしょうか？「コミュニケーションを良くしろ」と言われてコミュニケーションを良くすることができるのでしょうか？

そんなことは絶対にありません。なぜなら、これらは人の感情と直結するものだからです。

あなたが子供に勉強させようと「ヤル気を出せ」と言ったら、子供のヤル気が出るでしょうか？　そんなことはありませんよね。むしろ言われた子供は、「嫌だなあ」と憂鬱になってしまいます（あなたも同じような経験をしたことはありませんか？）。

指示では動かないもの。内面からムクムクと湧きおこるもの。それが感情なのです。「言えばわかる」「言えば変わる」という類のものではありません。威厳や威力で指示をしても、人の感情をコントロールすることはできないのです。

評論家やコンサルタントと名乗る人たちの多くは、この本質を理解できていません。彼らがよくやること。それは著名な経営者などを引き合いに出し、「リーダーの熱い思いが大事」といった精神論やスピリチュアルで説明することです。つまり、きわめて主観的な経営者の態度に焦点をあてようとするのです。

これは一見すると効果がありそうに思えます。しかし、その効果はあまりにも曖昧であり、再現性がないのが実態。いわば〝後出しジャンケン〟みたいなものです。これだけ多くの評論家やコンサルタントによる情報が出回っていますが、本当に成果があがっている会社はどれくらいあるでしょうか？　成果があげられている会社はほんのわずかです。

むしろ表面的に「意識変革」「モチベーション」「コミュニケーション」をあおることが状況を悪化させています。経営者だけが盛り上がり、従業員は冷めていく。経営者に対してはいい顔をしていても、裏では愚痴や無力感、停滞感が充満している。このような状況に陥ると、会社の雰囲気は悪くなり、従業員の士気は下がる一方。つまり負のサイクルに入っていきます。

「伝わる」は幻想

なぜ経営者の言うことは従業員に伝わらないのか？　これを論理的に理解する必要があります。あなたがどんなに良いことを言ったとしても、どんなに一生懸命に語っても、必ずしも相手に伝わるわけではありません。伝わるかどうかは、あなたが決めることではないからです。伝わるかどうかは受け手次第。つまり従業員次第なのです。

コピーライターで関西大学教授の山本高史氏は、コミュニケーションにおいて「消費者とは、どのような存在なのか？」を次のように分析しています。

消費者とは「冷酷で、怠慢で、無関心で、薄弱で、無力で、不自由で、不安で、不満で、不幸」な存在。

このことを前提に消費者とのコミュニケーションをとる必要がある、そう山本氏は述べています。コピーライターは消費者に情報を伝えるプロフェッショナルです。コミュニケーションのプロは、このような心構えをもっているのです。いかに「伝わる」ことが難しいか。受け手に期待するのではなく、「伝える側」から寄り添っていかなければ伝わりません。

こちらが期待しているほどは伝わらない。これは人間の性質そのものではないでしょうか。あなたの従業員も「冷酷で、怠慢で、無関心で、薄弱で、無力で、不自由で、不安で、不満で、不幸」な存在。そう思ってコミュニケーションをとるべきです。

もちろん経営者が従業員に語ることは、とても大切です。しかし「良いことを言えば伝わる」「一生懸命に語れば伝わる」などと期待してはいけません。伝わるかどうかは従業員次第なのです。

経営者は伝わっていると思っている。それなのに従業員には伝わっていない。この状況が一番マズイ。この状況のままにしておくとどうなるでしょうか？　両者はすれ違ったままになってしまいます。

「伝わる」は幻想。この不都合な真実から目をそむけてはいけません。伝わらないことを前提に従業員を行動させる方法に目を向けるべきです。問題はその方法です。

従業員を心理誘導する

伝わらないことを前提に、従業員を動かすためにはどのようにすれば良いのでしょうか？

もちろん、威厳や威力を使わずにです。それは、あなたの理想とする行動をとるように従業員の心理を誘導することです。人が行動したくなる心理メカニズムを科学的に理解する。そのメカニズムを利用した「仕掛け」で、あなたの従業員の心を〝戦略的〟に誘導していくわけです。

この仕掛けこそが、「影響力の経営」のコア（核）になります。

ところで「心理誘導」と聞いて、あなたはどのように感じましたか？　もしかしたら怪しげに感じたかもしれません。心理を誘導することについて、もう少し具体的に考えてみましょう。

①心理誘導は科学である

心理誘導は科学的な根拠をもって行うものです。認知心理学、行動心理学、生態学、組織行動科学などをベースに、人の心が動くメカニズムを分析、応用します。

②心理誘導は「無意識のうちに」なされるものである

心理誘導は、誘導される本人（つまり従業員）が無意識のうちになされるものです。つまりある引き金により、仕掛けられた人の心理が本人の意思にかかわらず、変わらざるを得ない状況になるということです。

③心理誘導は「移動」である

「誘導」はA地点からB地点に移動させるということです。本書では、従業員の現在の心理（A地点）から経営者が意図する状態（B地点）へと移動させます。次のようなイメージです。

- 会社と仕事は飯を食うため。それ以上の特別な意義はない（A地点）

⬅

- 会社と仕事は、自分にとって意義のあるもの（B地点）

- 職場の仲間は、たまたま居合わせている単なる同僚（A地点）

⬅

- 職場の仲間は、かけがえのない存在。共に成長し、学びあう（B地点）

- あてがわれた目の前の仕事をこなすことで精一杯（A地点）

⬅

- 仲間と一緒に未来の目的を達成したい。良い職場にしていきたい（B地点）

・会社のビジョンは、社長が目指しているもの（A地点）

⬅

・会社のビジョンは、私たちの目指すもの（B地点）

人を動かすということは、〝人の心の内側〟にあるものを引き出すことです。この「引き出す」メソッドを理解し、使いこなす。これが人を動かすための条件となります。このメソッドこそが影響力の経営です。第2章以降ではこのメソッドを具体的に解説します。

心理誘導の本質を追求する

心理誘導をするためにはもちろんテクニックが必要不可欠です。しかしテクニックより、もっと大切なことがあります。それは〝人間そのもの〟の本質を理解することです。

- **人間はどのようにモノゴトを認識するのか？**
- **何を認識すると、どのように心が反応するのか？**
- **心が反応すると、どのような行動を起こすのか？**

これらが〝人間そのもの〟の本質です。本質とは原因と結果の関係構造です。これを因果関係と言います。

結果は原因によってもたらされるのが真理。だから「原因」をコントロールする術を身につけて、望ましい「結果」を導き出す必要があるのです。

小手先のテクニックだけに頼ろうとすると、原因に深く関わることができなくなります。そうなると望ましい結果は出ません。先ほど出てきた「モチベーションを上げなさい」の話は、その典型的な例です。

そして心理誘導は再現性がなくてはなりません。「モチベーションを上げろ」と従業員に言っても、どういう反応が出るかはわからない。これは再現性がない状態です。

人間そのものを理解して、コントロールするからこそ再現性があるのです。再現性があるからメソッドなのです。メソッドを身につけて人間の性質そのものに深く関わる。やるからにはその覚悟が必要です。

あなたがこれから取り組むべきこと

本書は、「ビジョンを実現しよう！」とするカルチャーに会社を変化させることが目的です。

このカルチャーが醸成されると、従業員はごく自然にカルチャーに合わせた行動をとるようになる。つまり「ビジョンを実現しよう！」とする行動です。そのとき社長はバタバタ駆けずり回るワンマン経営から脱却することができるのです。

そのために、これから心理誘導のメソッドを学習していきます。このうえで大事なことは何だったでしょうか？　それは人間そのものの本質を理解することでした。次の章では、この「人間そのもの」の本質を学習します。これが本書全体にわたって使う理論になります。この理論を理解しているか否かで、経営者としての力が大きく変わるはずです。

これから心理誘導で「人を動かす」ことに取り組もうとされている〝あなた〟に、お伝えしておきたいことがあります。とても大切なことです。心理誘導を絶対に悪用してはいけません。心理誘導された人、つまり従業員は、誘導されて幸せにならなければいけません。人を動かす〝あなた〟には、その責任があるのです。そのことは絶対に忘れないでください。

第1章　ま と め

・「上手くいっていない会社」に共通する特徴

“目的”“実行力”“従業員の意欲”“チームワーク”“組織風土”、これらが一体とならず「チグハグ」になっている。

・ワンマン経営の限界

「チグハグ」だから社長がバタバタ駆けずり回る「ワンマン経営」になる。ワンマン経営で何とか会社が回っているのでチグハグなままで放置してしまう。いつまでもチグハグなままだからワンマン経営は止められない。

・ビジョンと組織カルチャー

会社の「人格」であり「土台」になるのはカルチャー。ビジョンを実現したいのであれば、組織のカルチャーをビジョンにふさわしいものに変えるべきである。

・モチベーションを上げようとしてはいけない

従業員に「モチベーションを上げろ」と言っても上げることはできない。感情は威厳や威力で指示されて動くものではない。内面からムクムクと湧き起こるものである。

・従業員を心理誘導する

人が「行動に移したくなる」心理メカニズムを科学的に理解する。そのメカニズムを利用して従業員の心を“戦略的に”誘導する。

・「影響力の経営」とは

経営者のビジョンを心から実現したくなるように従業員の価値観（メンタルモデル）を書き換える。それによって、ワンマン経営でなくても〝会社が回り続ける〟組織カルチャーへと変貌させるメソッド。

第2章

従業員を心理誘導するための「7つの原則」

理解すべきは人の心の深層です。「なぜ人は行動を起こそうとするのか」、その心理メカニズムを知ることができたら、どうでしょうか？　そのメカニズムをコントロールすることによって従業員を心理誘導し、望ましい行動へと導くことができます。

この章では人が行動を起こすに至る心理メカニズムを科学的に、そして論理的に解明していきます。この心理メカニズムが本書全体にわたる基本理論となります。この基本理論を編集し、公式化したのが「7つの原則」です。

【7つの原則】

原則1　人は事実を見ているのではない。事実を「自分の見方」で見ている

原則2　「自分の見方」は「後天的な知識・記憶・学習」で構築される

原則3　人は「自分の見方」の外側にあるものは遮断する

原則4　人の「価値観」は書き換えることができる

原則5　満足しても人は動かない。人を動かすのは「期待感」である

原則6　「報酬システム」が反応するとドーパミンが放出される

原則7　報酬システムの「報酬」となるのは「5つの欲求」である

この7つの原則が従業員を心理誘導するうえでの前提になります。しっかりマスターしていきましょう。それでは、原則1から順に見ていきます。

原則1 人は事実を見ているのではない。事実を「自分の見方」で見ている

「行動を起こそう」という感情がムクムクと湧いてくる。そこに至るまでに、人の内部ではどのようなことが起こっているのでしょうか?

人は視覚(目)・聴覚(耳)・嗅覚(鼻)・味覚(舌)・触覚(主に手)といった身体の感覚器官を通して外部から情報を受け取ります。そして受け取った情報に基づいて心の内面に、その対象についてのイメージや意味を形成します。これを認知と言います。人は「認知」と一致した、もっとも合理的な行動を選択しようとします。

つまり、ものを見るという行為は「身体の感覚器官を通して得た情報」に「心の内面で形成されたイメージや意味」を合わせるということなのです。

日本文化の研究でも知られる文化人類学者ルース・ベネディクトは、ものを見ることを、次

のように説明しています。

「ものを見る目は、単なる物理的な器官ではなく、その所有者が育てられてきた伝統によって条件づけられた知覚の手段である」

これを原則にしたのが、

人は事実を見ているのではない。事実を「自分の見方」で見ている

です。これはもっとも大事な原則になります。まず、このフレーズを覚えておいてください。

それでは詳しく内容を見ていきましょう。

自分の見方

自分が見ている世界は過去の記憶によってつくられた〝脳のフィルター〟を通して認識しています。脳のフィルター、つまり「自分の見方」は、

- **親や先生などから〝刷り込まれた〟教え**
- **自分が過ごしてきた時代や場所での〝世間の常識〟**

- **大きな快楽を感じた〝成功体験〟**
- **大きな痛みを感じた〝失敗体験〟**
- **これらの経験から自らに刻まれた〝教訓〟**

などから形成されると言われています。とくに子供時代の経験が「自分の見方」に大きく影響します。自分の見方は次のようなプロセスで形成されていきます。

例を使って見てみましょう。「世代」を考えてみてください。

戦前に育った世代、戦中に育った世代、戦後に育った世代、平成に育った世代。それぞれの時代で教育されたこと、また社会の風潮や常識はかなり大きく異なります。それぞれの世代は、その時代固有の信念を無意識のうちに刷り込まれています。その信念は潜在化され、習慣が形成されていきます。そして信念をもったまま大人に成長する。信念というフィルターでモノゴトを見ながら。

「自分の見方」が形成される典型的なプロセス	
①	子供時代、親、先生、社会などがある種の信念を刷り込む
②	その信念が良いか悪いかにかかわらず子供はそれを受け入れる
③	子供はその信念を潜在化し、それをもとに習慣を形成する
④	子供はその信念を大切にしながら大人になる（たとえ正しくなくても）。その信念は潜在化しているため、それに気づかない
⑤	大人になると、その潜在意識を守るために脳に「フィルター」をつくる。「フィルター」を通して行動する習慣が強化される。潜在意識のフィルターを通らないものは遮断するようになる

異なる世代が現代という共通の時代にいます。しかし同じ現代でも、感じ方は世代によって異なっています。現代という共通の事実を異なる「見方」で見ているのです。あなたはこう思ったことはありませんか？

「今どきの若いものときたら……」

実はあなただけではありません。どの時代でも若者は言われます。どの時代でも必ずです。あなたの世代も年長の世代から同じことを言われていたのです。

どの時代でも、決まって若者は「今どきの若いものは……」と言われる。これはなぜなのでしょうか？　それは「今どきの若いものときたら……」と言う年長世代の人、そのときの「今どきの若いもの」、この両者の見方が異なるからです。年長世代の人は、彼らが育ってきた過程で形成された信念に基づいた見方をします。自分が若かったときに考えていたことや行動していたことを「是」として今の若い人を見ます。これが脳のフィルターです。このフィルターを通して若者を見ているのです。無意識に。そのとき自分が「是」としていることと異なる行動をとっていたらどうでしょうか？　それは「否」と判断するのです。

日本生産性本部から毎年発表されている「今年の新入社員の特徴とタイプ」（図1）を見ると、とても面白い傾向が見てとれます。これは新入社員の傾向という主旨のレポートです。これは

「誰の見方」なのでしょうか？ 新入社員以外の世代の人の見方です。ここに書かれていることをひと言で言えば？ そうです。

「今どきの若い者ときたら……」ですね。

もう1つ、例を挙げてみましょう。兄弟姉妹の「自分の見方」が形成される過程の違いです。

親から「お兄ちゃんなんだから我慢しなさい」と言われ続けて育った〝長男〟。それに対して「我慢しなさい」と言われずに自由奔放に育った〝末っ子〟。両者は同じ家庭で育ったにもかかわらず、長男らしい気質と末っ子らしい気質、異なる気質に育つことがよくあります。これ

図1：新入社員の特徴とタイプ

年度	タイプ
2015	消せるボールペン型
2014	自動ブレーキ型
2013	ロボット掃除機型
2012	奇跡の一本松型
2011	はやぶさ型
2010	ETC型
2009	エコバッグ型
2008	カーリング型
2007	デイトレーダー型
2006	ブログ型
2005	発光ダイオード型
2004	ネットオークション型
2003	カメラ付ケータイ型
2002	ボディピロー型
2001	キシリトールガム型
2000	栄養補給食品型

（出所：日本生産性本部）

は「後天的に刷り込まれた信念が異なる」からだと考えれば説明がつくのではないでしょうか。

これまでの経験から自らに刻まれているもの。これは当然ながら、すべての人それぞれ異なるものが刻まれています。しかも無意識に。そのため同じモノゴト（事実）を見ていたとしても、それぞれが異なる「自分の見方」で、そのモノゴトを捉えています。

人の心理の深層メカニズムをまとめると、思いや感情などの人の心理は、自分の見方によって、どのように動くかが決定される！　ということです。

〝脳のフィルター〟によって、無意識に自分が〝重要だ〟と決めている〝自分の見方〟。これが「価値観」と言われるものの正体です。この価値観のことを心理学ではメンタルモデルと言います。

原則2　「自分の見方」は後天的な知識・記憶・学習で構築される

人は事実を見ているのではない。事実を「自分の見方」で見ている。

この原則1は、人が何かを知覚して、それが何であるかを判断する基本メカニズムです。つまり「自分の見方」とは後天的な知識・記憶・学習の影響に基づいて、外部の対象や事象といった情報を理解することなのです。この原則においても、大事な概念はリアリティ（R）です。

事実（R）と自分の見方（myR）

リアリティ（R）は、現実や事実という意味です。現実や事実は、その対象や事象そのものであり、他のものではないということです。しかし、人はリアリティ（R）を「自分の見方」というフィルターを通してでしか見ることがで

図2：「事実（R）」と「自分の見方（myR）」

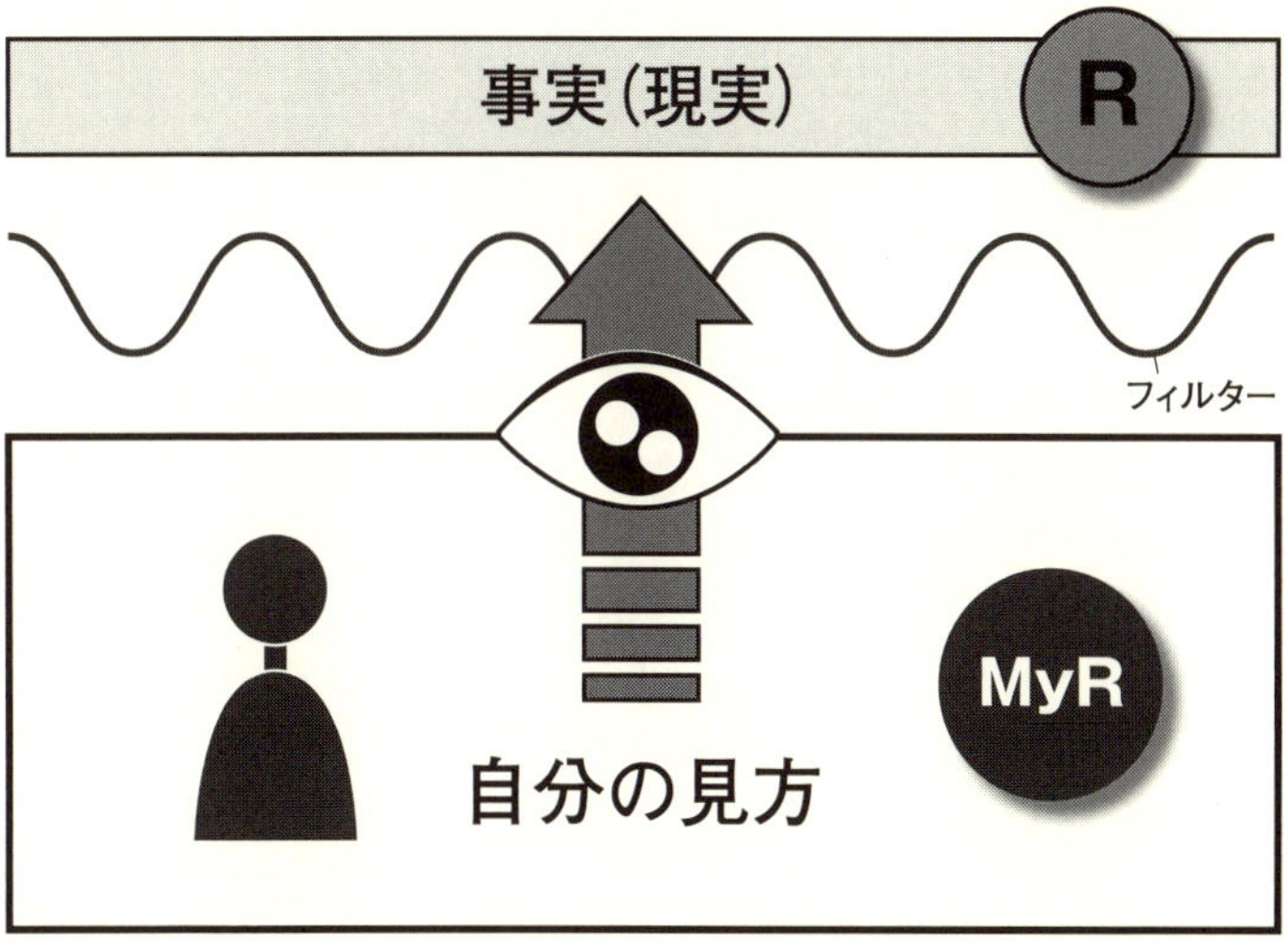

きません。そのときの自分の見方は「マイ・リアリティ（ｍｙＲ）」です（図２）。

マイ・リアリティ（ｍｙＲ）は１人ひとりが異なるものをもっています。そのため同じリアリティ（Ｒ）を見ても１人ひとりが異なる見方をするのです。

一緒に試してみましょう。図３の絵を見てください。あなたには何が見えるでしょうか？

あなたが見えたのは、「男と女が愛し合っている」ところではありませんか？　ところが、この絵を見て別の見方をする人もいます。とくに子供はそうです。この絵から何が見えるのか。

図3：何が見えますか？

子供には10頭のイルカが見えているのです。反対に、男と女が愛し合っているところは見えていません。あなたはどこにイルカがいるかがわかりますか？

なぜ同じ絵を見ているのに、人によって見え方が違うのでしょうか？　それは成長の過程で得てきた知識・記憶・学習によって形成された「価値観」が異なるからです。

この絵そのものは、他のものではないリアリティ（R）です。「男と女が抱き合っている」もしくは「10頭のイルカ」、これがマイ・リアリティ（myR）です。

〝脳のフィルター〟によって、無意識に自分が〝重要だ〟と決めている〝自分の見方〟がマイ・リアリティ。このマイ・リアリティのことを価値観（メンタルモデル）と言います。

もし、あなたが靴のセールスマンだったら

次のような話があります。

ある靴の商社が2人のセールスマンを南方の未開地に派遣しました。その目的は、その地で靴を販売するための市場調査です。

現地に降り立った2人が目にしたもの。それはまったく靴を履かずに生活をしている原住民たちの姿でした。その姿を見て2人はすぐに調査結果を本社に報告しました。

1人はこのように報告しました。「現地の人々は誰も靴を履いていません。だからここでは靴が売れる見込みはありません」。

もう一方のセールスマンは次のように報告したのです。「現地の人々は誰も靴を履いていません。だから靴を販売する絶好のチャンスです」。

いかがでしょうか？　この2人が見た事実はまったく同じものです。しかし見方はまったく異なります。これがマイ・リアリティ（myR）、つまり価値観（メンタルモデル）の違いです。「未開の地では靴は売れない」、それとも「未開の地だから靴が売れる」。あなたはどちらの見方をしましたか？　1人ひとりの異なる見方をつくり出しているのが「価値観」。この価値観には必ず理解しておかなければならない重要な性質があります。それが原則3：「人は、〝自分の見方〟の外側にあるものは遮断する」です。

原則3 人は「自分の見方」の外側にあるものは遮断する

人は「自分の記憶が重要だと決めたもの＝価値観」の外側にあるものは無意識に遮断し、自分の価値観を〝維持しよう〟とする性質があります。

人は元来、臆病な生き物です。それは、いつ襲ってくるかわからないさまざまな外敵から自分の生命を守らなければならないからです。自分が「安全」だと記憶し、学習したところ以外の場所に出ることは、外敵から襲われる可能性が高くなることを意味します。弱肉強食の世界を生き抜いてきた人の脳は、不確実なことよりも「確実に生き残ろう」とする本能に支配されているのです。

「自分の記憶が重要だと決めたもの＝価値観」の外側にあるものは無意識に遮断し、自分の価値観を維持しようとする性質。これをネガティブ・バイアスと言います。ネガティブ・バイアスは不確実さを避けて、確実に「生き残ろう」とする本能に由来すると言われています。

なぜ、経営者の思いは従業員に伝わらないのか？

さて、なぜ、経営者の思いは従業員に伝わらないのでしょうか？

経営者は従業員に対してこのように言います。

「現状を否定し、新しいことにチャレンジせよ」

しかし本能は現状を否定できません。いくら従業員に説いたとしても、確実で自分が安心していられる「自分の見方」の外に出てチャレンジしようとは思えないのです。
あなたが、いくら従業員にいいことを話しても、従業員に行動をあおったとしても、それが従業員個人の「価値観」の外側にある限り、心から動くことはありません。

では本書の目的とも言える会社のビジョンに対する「価値観」はどうでしょうか？　当然ながら経営者はビジョンに対しての強い思いを価値観としています。ビジョンは経営者個人の信念そのものだからです。

しかし、従業員は経営者と同じ価値観をもっているわけではありません。経営者がビジョンを語っても、従業員のほとんどは、自分の価値観の外側にあるものとして遮断してしまうのが実態です。それでは、一体どのようにすれば人は〝心から〟動くのでしょうか？

原則4

人の「価値観」は書き換えることができる

実は、人の「価値観」は書き換えることができます。つまりこういうことです。

あなたが理想とする〝未来の〟会社や組織の状態、これが目指すべき「ゴール」です（このゴールが通常は〝ビジョン〟になります）。これは現実にすべきことなのでリアリティ（R）です。従業員の「現在の」会社や仕事に対する見方はマイ・リアリティ（myR）です。

リアリティであるビジョンは、従業員の見方マイ・リアリティの外側にあります。だから従業員はリアリティであるビジョンを遮断しているのが今の状況です（図4）。

もし従業員の見方が経営者のビジョンと一致したらどうなるでしょうか？

経営者のビジョン「リアリティ（R）」＝従業員の「マイ・リアリティ（myR）」

こうなると経営者のビジョンは「従業員の

図4：経営者のビジョンと従業員の見方のイメージ図

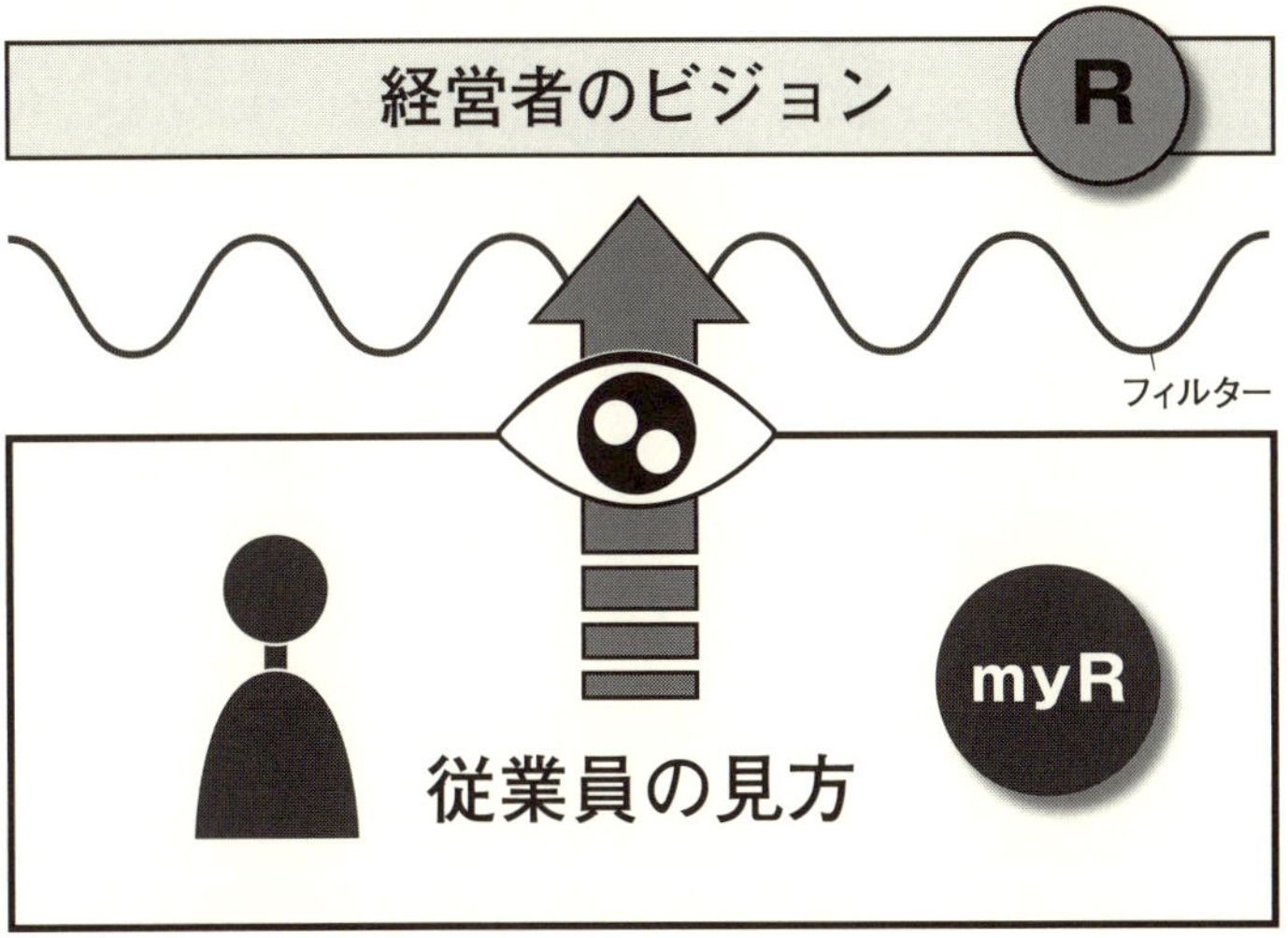

見方」の外側にあるものではありません。ビジョンは従業員の「自分の見方」そのものになるのです。考えてみてください。これはどのような状態でしょうか?

従業員が「経営者のビジョンは自分自身で実現するもの」という価値観になっている状態です。そうなれば、心からビジョンのために動こうとします。

このような状態にするには、一体どうすれば良いのでしょうか?

その解答は、「ある影響力を投入する」ことによって、〝従業員の現在の価値観〟をあなたが描いている〝未来のゴール（つまりビジョン）が価値観〟になるように書き換えます。未来のゴールへと価値観を書き換えられた従業員は、その価値観を自分のものとして、それに合致させようとする行動をとるのです。

従業員の記憶が重要だと決め込んでいる価値観に「あなたの理想」を書き込んで、「新たな価値観」に変えてしまう。これが「影響力の経営」の真髄です。

では、どのようにしたら価値観を書き換えることができるのでしょうか?

「臨場感」を高めて価値観を書き換える

どうすれば従業員の現在の価値観を、経営者が意図する世界（つまりビジョン：R）が価値観になるように書き換えることができるのか。

それは①経営者が意図する世界の「臨場感」を高め　②従業員の価値観を経営者が意図する世界に段階的に近づけていくことです。

キーワードは「臨場感」です。では臨場感が高まるとは、いったいどのようなことなのでしょうか？

あなたは映画やドラマを見て涙したことはありませんか？　映画を見るときハラハラ、ドキドキして手に汗を握る。そしてクライマックスでは感情が込み上げ、思わず涙が出てくる。そのような経験をしたことがあるのではないでしょうか。

考えてみてください。映画の中の出来事は、あなたの出来事ではありません。あなたは映

図5：「経営者のビジョン（R）」に対する臨場感を高める

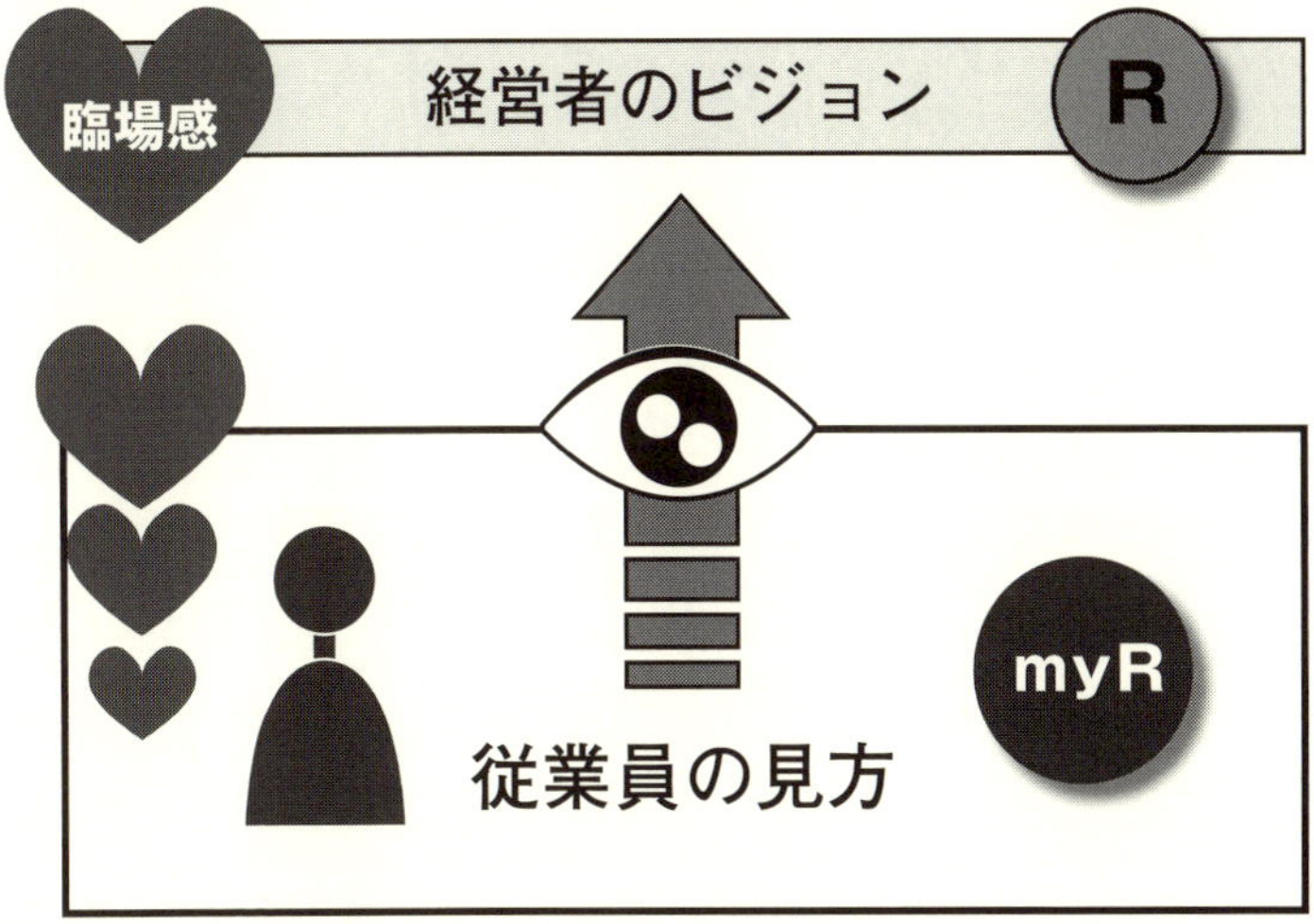

画館のシートにいるのになぜ手に汗を握り、涙してしまうのでしょうか？　まるで自分が映画の中にいるかのように。

それは映画のストーリーに対しての「臨場感」が高まったからです。臨場感が高まることによって、あなたは映画の中に入り込んだのです。

この状態を分析してみましょう。映画のストーリーは作者がリアリティ（R）を意図した世界。そのリアリティの臨場感が高まることによって、あなたの見方（myR）が〝映画の中〟つまりリアリティと重なったのです。

映画はもちろん、あなたの現実世界ではありません。しかし、あなたは現実であるかのように心理誘導され、自分の見方を書き換えられました。だから現実ではないのに「自分ゴト」として手に汗握り、涙したのです。

リアリティへの臨場感を高めることによって、価値観を書き換える。「影響力の経営」では、この作用を使って従業員を心理誘導していきます。

映画のストーリーにあたるのが、あなたの理想世界である「ビジョン」。

これがリアリティです。ビジョンに対する臨場感を高めて従業員に手に汗握らせ、涙させる。つまり経営者のビジョンを従業員の「自分ゴト」にしてしまうのです。「自分ゴト」はマイ・

リアリティに他なりません。

従業員の価値観（ｍｙＲ）をあなたのビジョン（Ｒ）へと書き換える

本書では、段階的にビジョンへの臨場感を高める仕掛けをします。その過程で従業員の価値観を書き換えていきます。そしてゴールは「あなたが理想とするビジョン（Ｒ）＝従業員の価値観（ｍｙＲ）」になることです。

そして組織全体の価値観が「ビジョン＝従業員の価値観」に書き換えられたとき、あなたの会社はビジョン型のカルチャーへと変わっているはずです。

ここであなたは思ったのではないでしょうか。一体どのようにしてビジョンの臨場感を高めるのかと。それが次の「原則5」でお話しする内容です。これからお話しする「人の性質」を理解していなければビジョンの臨場感を高めることはできません。これは、極めて本質的なことでありながら、実はほとんど理解されていないことです。

原則 5

満足しても人は動かない。人を動かすのは「期待感」である

マネジメントの世界には、誰もが当たり前のように思っていることがあります。それは「従業員を満足させるとパフォーマンス（成果）が上がる」ということです。

従業員満足は通称ＥＳ（Employee Satisfaction）と呼ばれ、経営者の関心が高い事項の1つです。従業員がどれくらい満足しているかを把握しようと、アンケート形式の従業員の意識調査（ＥＳ調査）を行っている会社もあります。多くの経営者が従業員を満足させ、従業員のパフォーマンスを上げようと心を砕いているわけです。

従業員を満足させることに腐心しているにもかかわらず、多くの会社は成果があがっていません。それに悩む経営者から、私も多くの相談をいただきます。従業員満足度調査では一定水準の満足を得ていることがうかがえる。それなのに業績はあがらない。一体なぜなのでしょうか？　それは脳の性質上、「満足することが、行動に結びつくわけではない」からです。

つまり満足は、行動しようとする意欲の引き金にはならないということです。満足すること

が「行動すること」の原因にならないのであれば、いくら満足させても行動にはつながらない。行動につながらなければ成果はあがりません。

人が行動する原因となるもの。それが満足でないとしたら、一体何なのでしょうか？　それは、「期待感」です。人は期待感をもつことにより動機づけられます。期待しているものを得ようとしたとき行動に移そうとします。

人が行動するための鍵となる「期待感」。これを詳細に、そして科学的に見ていきましょう。

「ワクワク」って何??

本題に入る前に、最近のマネジメントにおける流行語についてお話ししたいと思います。これは期待感を理解するうえでヒントになる言葉です。最近マネジメントでよく聞かれる言葉。それは「ワクワク」です。

- **ワクワク経営**
- **ワクワクする職場にしよう**
- **仕事をワクワクできるようにしよう**

語感が親しみやすく、活気のある印象があること、また従業員が広くイメージできることが

「ワクワク」がよく使われている理由ではないかと推測します。

「ワクワク」という言葉は極めて情緒的に使われているのが実情ですが、これは、どのような状態を言うのでしょうか？　論理的に考えてみたいと思います。

私たちが共通して経験したことがあるのは「遠足」です。小学生の遠足のときにワクワクしましたよね。そのときのことを思い出してみてください。

ワクワクという感情は「いつ」「何を考えて」湧き出しましたか？

まずいつワクワクしたか？　です。遠足の目的地に到着したときでしょうか？　違いますね。遠足に行く〝事前〟にワクワクしたはずです。遠足当日に近づくにつれてワクワクは高まり、前日にピークに達したのではないでしょうか。

次に何を考えてワクワクしたのか？　です。思い出してください。

それは遠足の目的地では〝楽しいことが待っている〟と想像してワクワクしたはずです。遠足の前日はあまりの楽しみで眠れなくなってしまうほどです。

もう1つ思い出してみてください。実際に遠足の目的地に到着して遊びはじめたとき、この感情はどのように変化したでしょうか？　そのときワクワク感はもうなくなっていたはずです。

ここからワクワクという感情がどのような性質のものかが、浮き彫りになってきます。まず

1つ目の性質。「ワクワク」は目的を達成したときではなく、達成する前に起こる感情です。目的地に到着したときではなく、到着するまでがワクワクしていましたね。

次に2つ目の性質。ワクワクは「幸せな未来を想像したときに起こる感情」だということです。遠足の目的地では楽しいことが待っている。これを想像したときにワクワクするのです。つまり、ワクワクは、まだ満たされていないときに起こるもの。だから遠足の目的地に到着し、欲求が満たされるとワクワクはしぼんでいきます。

実はこのワクワクこそが「期待感」です。期待感をもつことによって、人間は大きな反応を示します。

ドーパミンが出る!!

人間は自分個人が幸せな未来を得られそうだという期待感によって動機づけられます。欲求が満たされ「満足したから」動機づけられるわけではありません。

なぜ期待感は人を動機づけるのでしょうか?　これは脳科学で説明することができます。幸せな未来を得られそうだという「期待感」により引き起こされる身体的反応。それはドーパミンの発生です。

ドーパミンとは快感の期待に対して発生する脳内物質です。重要なのは快感そのものに対して発生するものではないということです。つまり満足した状態ではドーパミンは出ないのです。ドーパミンは幸福感や満足感とは何の関係もありません。

期待感は快感ではありません。期待感によって得られるのは渇望感です。「期待している」というのは、まだ手に入れていない状態です。だから期待感をもっと「どうしても欲しい、手に入れたい」という思いが湧き出てくるのです。そのとき脳に発生しているのがドーパミンです。

ドーパミンが発生すると、人間は渇望しているものを得ようと、行動せずにはいられなくなります。ドーパミンが発生する例をイメージしてみましょう。

好きな女の子と恋人になるまでのシーンを想像してみてください。あなたには好きで好きでたまらない女の子がいます。彼女と恋人になったときのことを妄想しています。「恋人になる」という期待感。これが幸せな未来です。

この幸せな未来を手に入れたい。そのため、あなたは彼女をデートに誘います。あなたはデートの計画を一生懸命に立てます。彼女に気に入ってもらえるものをプレゼントするためにインターネットで何時間も調べます。

このとき、あなたの脳内にはドーパミンが出まくっています。彼女をゲットする目的に向けて臨場感がドンドン上がってきています。そして、いよいよ告白。彼女を目の前にして期待感はＭＡＸに。ドーパミンの発生が最高潮に達します。

彼女からの返事は……「ＯＫ！」。とうとう彼女と恋人になることができました。こうなると彼女をゲットしたいという渇望感は満たされた状態になります。期待感から満足感に変わるわけです。こうなるとドーパミンはもう出ていません。満足感に行動を起こさせる性質はないのです。

彼女と恋人になって満足してしまったらどうなるか？　新たな期待感をもつようになるかもしれません。それは結婚です。結婚の次は家族としての明るい未来。このように「期待感」が続いていけば渇望感も続きます。渇望感はドーパミンを発生させます。彼女に対して「もっと大切にしよう」と動機づけられ行動するでしょう。

一方、彼女と恋人になって満足した後に、次の期待感がなければ彼女への想いや態度が変わってしまう人もいるかもしれません。いわゆる「釣った魚には餌をやらない」です。期待感から満足感に変わり、その後の動機づけがないと、次の行動をしなくなる可能性もあります。

問題は期待感をどのように引き起こすか？　です。この方法については次の「原則６：報酬システムが反応するとドーパミンが放出される」でお話ししたいと思います。

原則
6

報酬システムが反応するとドーパミンが放出される

原則6では、脳内物質のドーパミンをどのように発生させ、従業員の「期待感」を引き起こすのか？ このメカニズムについてお話ししていきます。

欲求を引き出す「報酬システム」

1950年代にある実験が行われました。ラットの脳に電極を埋め込み、電気ショックを送る。それにより引き起こされる反応を分析するのです。それ以前の実験で脳に恐怖反応を起こす場所があることがわかっていました。それを検証するための実験でした。

ところが脳の〝ある部位〟に電極を埋め込んで実験をしているとき、その部位を刺激するとラットは電気ショックを欲しがる行動をとり始めました。さらにラットが自分自身でレバーを操作して電気ショックを得られるようにすると、くたびれて動けなくなるまでレバーを押し続けました。つまり自分で自分に電気ショックを与えたわけです。はじめはラットが電気ショックに対して痺れるような快感を覚えたからだと思われていました。

しかしその後の実験と分析から、実はそれが違うことが判明しました。快感を得たいから電気ショックを欲しがったわけではなかったのです。では、なぜラットは電気ショックを欲しがったのでしょうか?

ラットが刺激し続けていた脳の部位。そこは「もう少しで快感を得られそうだ」という期待感を引き起こす領域でした。その部位が刺激されるたびに「電気ショックのレバーをもっと押せ! そうすればきっと気持ちよくなるぞ!」と反応したのです。この脳の部位は、現在報酬システム(報酬系)と呼ばれています。これが「期待感」が引き起こされる科学的な理由です。

脳の報酬システムが発生させる脳内物質。それがドーパミンです。脳は報酬が手に入りそうだと認識するとドーパミンを放出します。人はドーパミンが大量に放出されると欲しくなったものを何が何でも手に入れなければ気がすまなくなり、報酬を手に入れようとする行動を引き起こします。

人は自分個人に「報酬」を得られる期待感により動機づけられます。本書では、この「報酬システム」のメカニズムを利用して従業員を心理誘導していきます。従業員に報酬を意識させ、期待感を引き出す。報酬を手に入れようと行動に移す。これを段階的に行いながらビジョンへの臨場感を引き上げていきます。

「外的報酬」と「内的報酬」の2つの報酬

ところで、この「報酬」とはどのようなものだと思いますか？　報酬というと金銭的なものや地位を想像されるかもしれません。しかし、それだけが報酬ではありません。

達成感や成長感、自分には能力があると感じられる実感、他者から大切にされている実感、自己実現なども報酬なのです。これらは「心理的に得られる報酬」です。

金銭や地位などの報酬を外的報酬、心理的に得られる報酬を内的報酬と言います。意欲や動機づけに、より強く影響するのは内的報酬のほうだと言われています。

例えばボランティアをする人を考えてください。その人の動機は「人の役に立ちたい」「誰かを助けたい」というものです。つまり「人の役に立つ」「誰かを助ける」ことが、その人の報酬です。これは内的報酬です。内的報酬は内面にある価値観に大きく関係するものです。

一方で、お金という外的報酬が動機でボランティアと同じ仕事をする人はどうでしょうか。報酬がなければ仕事をやらなくなります。これは内面にある価値観が動機になっていないからです。

これからやりがいや生きがいなどの心理的な欲求を使って、従業員の価値観を書き換えます。だから「内的報酬」のほうが重要になるのです。

原則7 報酬システムの報酬となるのは「5つの欲求」である

報酬システムの報酬とは、先にお話しした通り、金銭や地位などの「外的報酬」、心理的に得られるものである「内的報酬」の2種類があります。

「内的報酬」を得られる期待感が従業員を動機づける。ということは報酬とはいわば期待感の素となる「欲求」です。この欲求の内容を理解し、報酬システムとしてコントロールする。これが従業員を心理誘導し、行動させるための鍵となります。

それでは、あなたがコントロールする人間の「欲求」とは具体的にどのようなものなのでしょうか？

欲求の5段階

本書ではアメリカの心理学者であるアブラハム・マズローの「欲求5段階説」理論を使います。マズローは人間の欲求を低次から高次の順で分類し、5段階のピラミッド型の欲求の階層によって示しました。階層化された欲求とは①生理的欲求 ②安全欲求 ③所属と愛の欲求 ④承認（尊重）欲求 ⑤自己実現（成長）欲求の5つです（図6）。1つひとつ見ていきましょう。

①生理的欲求

生命維持のための食事・睡眠・排泄など人間の本能的、そして根源的な欲求です。例えば、灼熱の砂漠の中を進む、喉がカラカラの旅人。しかし水はすでに数日前に飲み干してしまっている。このような状態が深刻になると生命に関わってきます。そうなると「全財産を払ってでも水が欲しい」という強い欲求が引き起こされます。これが生理的欲求です。

しかし、会社の中で従業員がこのような欲求を引き起こされるのは、一般的ではありません。

②安全欲求

身の安全、良い健康状態の維持、暮らしの水準の安定など、脅威や危険な目に遭わないことを保障されていたいという欲求です。

人間は昔からさまざまな外敵から自分の命を守る必要がありました。いつ猛獣が出てくるかわからない。このような場所に居れば命の保障はありません。不確実なものを避けたいというのも、ある意味で人間の本能的な欲求です。つまり人は予測可能で秩序立った状態を得たいというのが安全欲求です。

安全欲求も従業員が行動を引き起こす欲求の強い誘引にはなりません。つまりこれを求めてドーパミンが発生することはほとんどないということです。もし安全欲求という報酬を従業員が強く求めている状況であれば、そ

図6：マズローの「欲求5段階説」

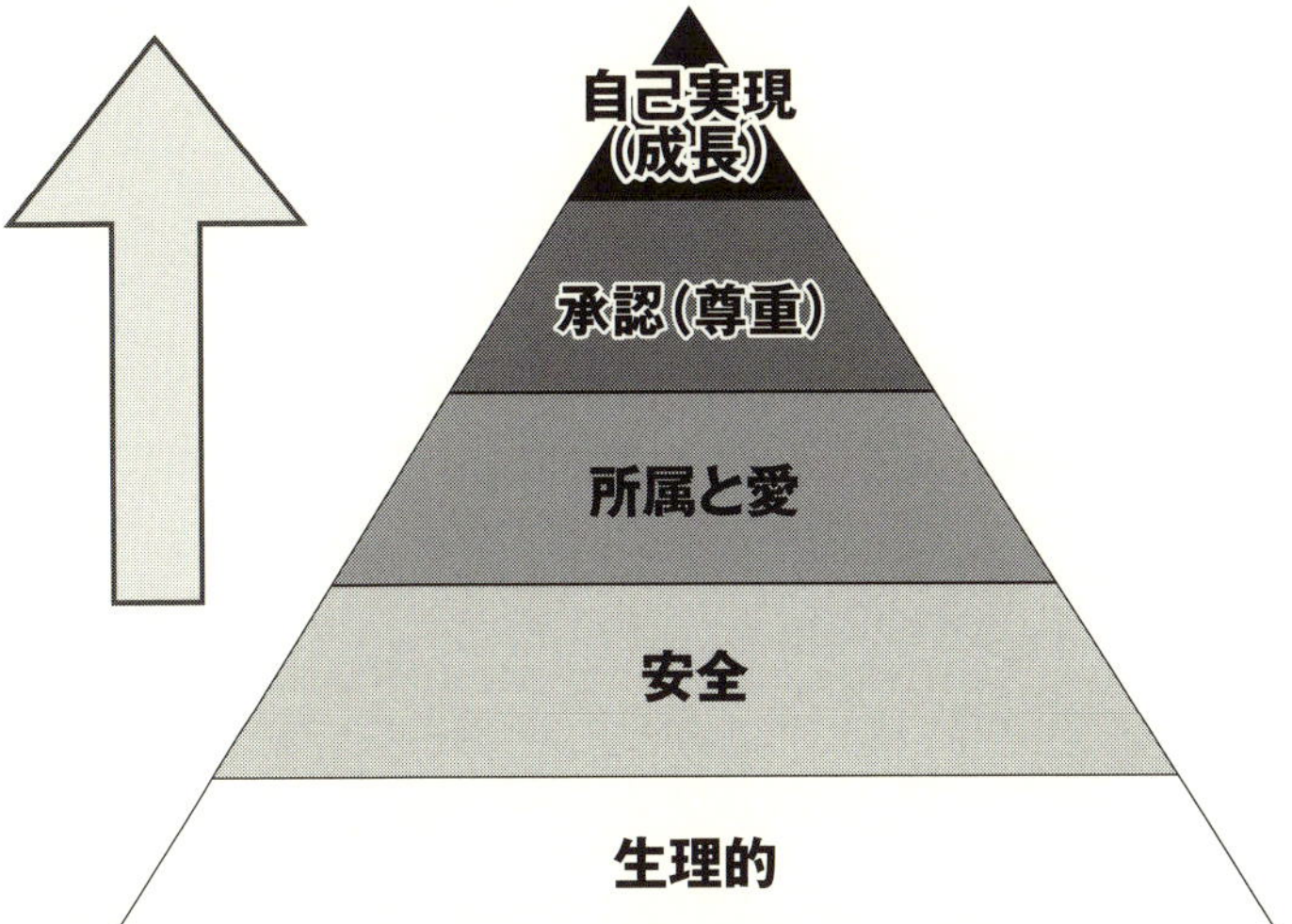

れは会社経営以前の問題です。身の安全に不安をもっているのですから。

③所属と愛の欲求

愛されたい、他者と良好な関係でつながっていたい、どこかに所属していたいという欲求。これが所属と愛の欲求です。つまり社会と自分がつながっていたい欲求。また人から愛されたい、好かれたいという気持ちです。生理的欲求と安全欲求が満たされたとき、このような欲求が現れてくると言われています。裏を返すと、人は孤独や拒否、無縁状態では心に痛みを感じるのです。

従業員が会社に対して、良好な人間関係の期待をもつことができるか。それとも孤独を感じてしまうか。これで従業員の意欲が大きく変わります。

最近の若者は他者と群れるのは好きではなく、個人主義の傾向が強まっていると言われることがあります。しかし若手社員の仕事観について調査した、あるデータを見ると、意外な事実がわかります（図7）。

- **同期同士で情報交換をする機会があること**
- **未経験の仕事において上司や先輩が伴走してくれること**
- **身近な先輩が悩み相談にのってくれること**

図7：若手社員の仕事観

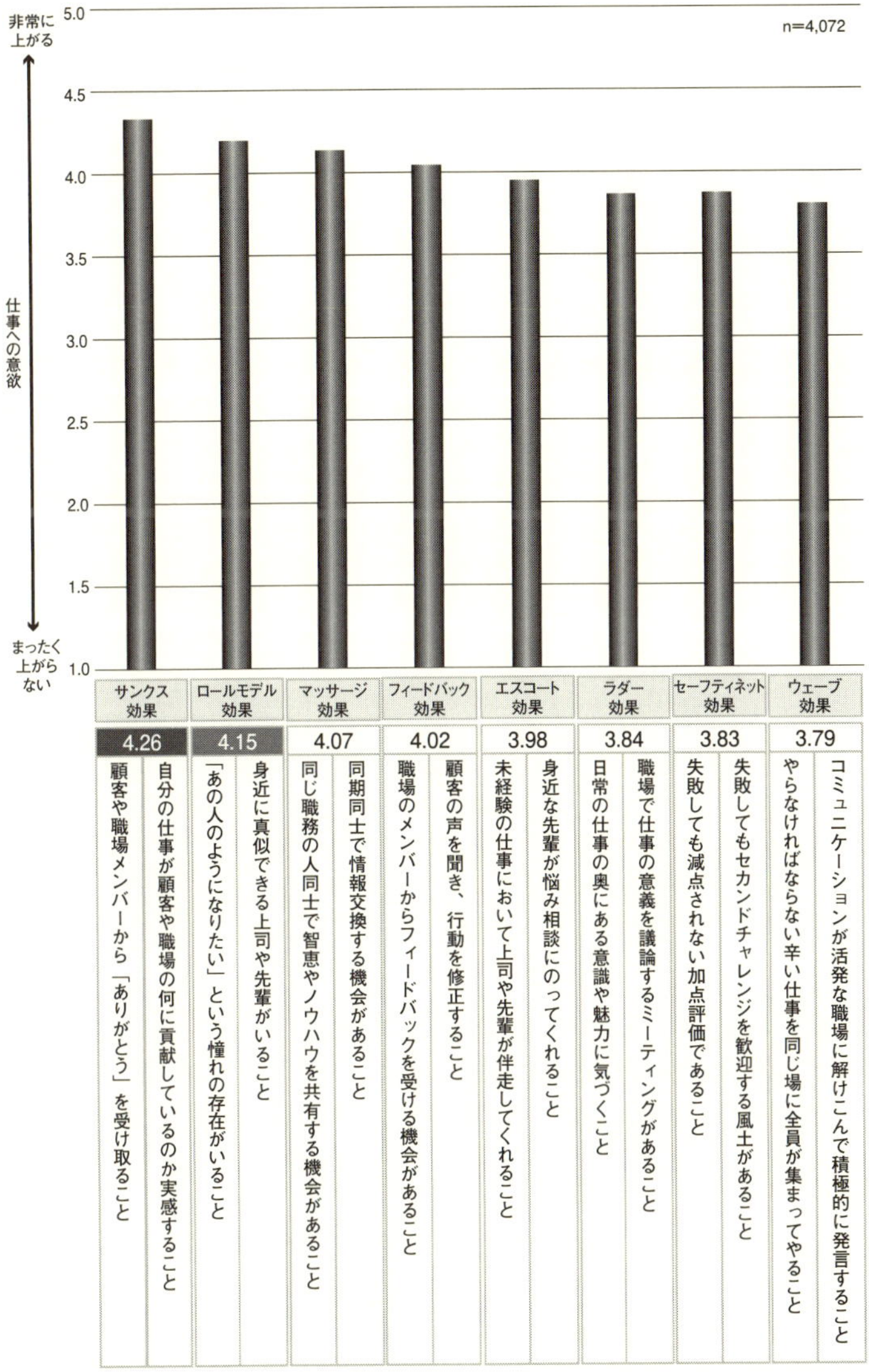

効果	スコア	内容	内容
サンクス効果	4.26	自分の仕事が顧客や職場の何に貢献しているのか実感すること	顧客や職場メンバーから「ありがとう」を受け取ること
ロールモデル効果	4.15	身近に真似できる上司や先輩がいること	「あの人のようになりたい」という憧れの存在がいること
マッサージ効果	4.07	同期同士で情報交換する機会があること	同じ職務の人同士で智恵やノウハウを共有する機会があること
フィードバック効果	4.02	顧客の声を聞き、行動を修正すること	職場のメンバーからフィードバックを受ける機会があること
エスコート効果	3.98	身近な先輩が悩み相談にのってくれること	未経験の仕事において上司や先輩が伴走してくれること
ラダー効果	3.84	職場で仕事の意義を議論するミーティングがあること	日常の仕事の奥にある意識や魅力に気づくこと
セーフティネット効果	3.83	失敗してもセカンドチャレンジを歓迎する風土があること	失敗しても減点されない加点評価であること
ウェーブ効果	3.79	コミュニケーションが活発な職場に解けこんで積極的に発言すること	やらなければならない辛い仕事を同じ場に全員が集まってやること

（出所：リンクアンドモチベーション）

・コミュニケーションが活発な職場に溶けこんで積極的に発言すること

これらの項目が「仕事の意欲を引き出すもの」と回答したものの中で上位にきています。これらの項目は所属と愛の欲求に関するものです。

所属と愛に関することは、情緒的な側面が大きいため経営者は放置しがちです。しかし従業員の意欲を引き出すうえで、重要な欲求の素であることを意識しておく必要があります。

④承認（尊重）欲求

自分が集団から価値ある存在と認められ、尊重されることを求める欲求。これが承認（尊重）欲求です。あなたは、これまで誰かからホメられ「スゴイですね！」と称賛されたとき、どのような気持ちになりますか？　気持ちいいですよね。このとき感じた何とも言えない気持ち良さ。これが「承認されている」「尊重されている」と感じている状態です。

人には自尊心があります。自分の人格を大切にする気持ちです。自尊心は他者からの尊敬によって満たされるもの。だから人はホメられたいのです。ホメられるとうれしいのです。「ホメられたい」という期待が高まるとドーパミンが発生します。反対に、この欲求が妨害されたときに出る症状。それが〝無力感〟であり〝劣等感〟です。

承認欲求のコントロールのしかたで、従業員の意欲は大きく変わります。

若手社員の仕事観についての調査では、

・顧客や職場メンバーから「ありがとう」を受け取ること

この項目が「仕事の意欲を引き出すもの」と回答した項目の中で最上位です。いかに承認されること、尊重されることが意欲に直結するかが、このデータからうかがえます。

SNS（ソーシャル・ネットワーク・サービス）で世界最大規模のユーザーを擁するFacebook。このサービスが支持されている理由の1つが「いいね！（Like！）」ボタンで共感を簡単に伝えられるところです。これは人間の承認欲求をうまく利用した仕組みですね。「いいね！」が押されたとき、承認された気持ちになります。承認や尊重という言葉を過度に大きく考える必要はありません。Facebookの「いいね！」のように小さなことでもいいのです。受け取る人の自尊心に刺さることが大事です。

従業員に「がんばっているね！」とひと言かけるだけでも、受け取る人の心に刺されば意欲は大いに高まります。みんな誰かにホメられたいのです。

⑤自己実現（成長）欲求

自分のもつ能力や可能性を最大限発揮できるようになって、なりたい自分を実現したい。これが自己実現（成長）欲求です。ここまで紹介してきた最初の4つの欲求（生理的欲求、安全欲求、所属と愛の欲求、承認欲求）と比較すると、自己実現（成長）欲求にはどのような特徴があるでしょうか？

最初の4つの欲求は欠乏感を感じる欲求です。つまり、もっとたくさん満たされたいという感情を引き出すものです。

それに対して自己実現（成長）欲求は、欠乏感という感情ではありません。今の自分より、もっとより良い存在になりたいという欲求です。「変えたい対象が自分自身」というのが他の欲求と異なる点です。そのため5つの欲求において、もっとも高次元の欲求と言われています。

若手社員の仕事観についての調査では、

- **自分の仕事が顧客や職場の何に貢献しているのか実感すること**
- **「あの人のようになりたい」という憧れの存在がいること**
- **身近に真似できる上司や先輩がいること**

これらの項目が仕事の意欲を引き出すものと回答したものの中で上位です。これらの項目は自己実現（成長）欲求に関するものです。

これは高次元の欲求です。高次元ということは、人によって欲求のレベルにバラつきがあるということです。

半面、欲求のレベルが高くなかった人が自分の欲求に気づいたらどうなるでしょうか？　成長したいと意識するようになると、その欲求は募る一方です。つまり他の4つの欲求と比較して、より強い意欲を引き出せる可能性があるということです。

「成長したい。自分のために」、こう思えると人は頑張ることができます。

欲求を脳の報酬システムに効かせる

マズローの5つの欲求は、心理学の研究に基づいた、人間の本質的かつ普遍的な欲求です。

マズロー理論の欲求を引き出し、脳内物質のドーパミンを発生させる。それによって欲求を満たしたくてたまらなくさせるのです。これが「報酬システム」です。

自分の内面にある報酬を得ようとしたとき、報酬を取り巻くものに対しての臨場感が高まる。臨場感が高まることによって従来の「自分の見方」が変化する。これが価値観を書き換えるプロセスでした。

本書では、5つの欲求の中から上位3つの欲求を使います。上位3つの欲求は「所属と愛」「承認（尊重）」「自己実現（成長）」の欲求です。

この3つの欲求を単独ではなく、関係づけながら心理誘導するダイナミックなアプローチをとります。そのためこの3つの欲求については、相対的な低次・高次というレベル差をつけずフラットに取り扱っていきます。

報酬システムに直結する欲求の特徴

これから「所属と愛」「承認（尊重）」「自己実現（成長）」で報酬システムを反応させます。そのとき報酬システムに〝直結する欲求〟でなければ意味がありません。報酬システムを反応させる欲求の本質とは何か？　2つのポイントを理解しておく必要があります。

1つ目は「人は〝自分個人〟に対する報酬の〝期待感〟によって動機づけられる」ということです。

「自分個人」というのがポイントです。「私たち」では報酬システムは反応しません。経営者の従業員に対する見方は「従業員たち」です。しかし、それぞれの従業員がもっとも関心があるのは、あくまでも自分個人であることを認識しておかなければなりません。つまり従業員個人に影響力が到達するよう仕掛ける必要があります。

2つ目は「人間には〝表の欲求〟と〝裏の欲求〟の両面がある」ということです。

「表の欲求」は口に出し人に伝えている欲求。「裏の欲求」は自分自身でも気づいていない深層心理にある欲求。いわばタテマエとホンネです。

たとえば高価なブランド服を購入する人。この人の購買理由は何だと思いますか？　キレイなデザインが好きだから。オシャレを楽しみたいから。購入する人からはこのような回答があるのではないでしょうか。しかし、これは表の欲求である可能性があります。

では裏の欲求は何でしょうか？　それは、他者からキレイとホメられたい。他者よりキレイであるという優越感を感じたい。このようなことかもしれません。さらに奥にある裏の欲求の可能性もあります。それは「異性からモテたい」ということです。

このように欲求には「表」と「裏」があります。どちらがより強い報酬になりうるか？　当然「裏の欲求」ですね。

裏の欲求は、自分自身で気づいていないことが多い。もしくは気づいていたとしても無意識に表に出さないようにしていることがあるのです。「異性にモテたいから服を買った」とは言えません。従業員と面談して聞き出そうとしても、従業員の口から出るのは表の欲求であると思っておくべきです。

報酬システムがより強く反応するのは「裏の欲求」です。従業員の裏の欲求に意識を向ける。これが心理誘導するうえで大事です。

あなたの会社をビジョン型のカルチャーへと誘導せよ！

ここまで人が動くメカニズムを「7つの原則」としてお話ししてきました。人がどのようにして動くのか。あなたはその本質を理解されたと思います。この「7つの原則」は実際に「ビジョン型のカルチャー」に変えていくプログラムの基本となる理論です。

次の章から具体的なプログラムの学習に入っていきますが、「7つの原則」がどのように応用されているかを意識して取り組んでください。

第2章　まとめ

・人が行動を起こすに至る心理メカニズムを理解する

従業員を心理誘導し、望ましい行動へと導くための「7つの原則」を理解する。

**・原則1：人は事実を見ているのではない。
事実を「自分の見方」で見ている**

“脳のフィルター”によって無意識に自分が“重要だ”と決めている“自分の見方”。これを「価値観（メンタルモデル）」と言う。

・原則2：「自分の見方」は「後天的な知識・記憶・学習」で構築される

事実や現実である同じ「リアリティ（R）」を見ていても、人それぞれ「見え方」が異なる。それは成長過程で得てきた知識・記憶・学習によって形成された「価値観（メンタルモデル）」が異なるからである。

・原則3：人は「自分の見方」の外側にあるものは遮断する

人は「自分の記憶が重要だと決めたもの＝価値観」の外側にあるものは無意識に遮断し、自分の価値観を“維持しよう”とする性質がある。経営者がビジョンを語っても、従業員のほとんどは自分の「価値観」の外側にあるものとして遮断してしまうのが実態である。

・原則4：人の「価値観」は書き換えることができる

「リアリティ（R）」への「臨場感」を高めることによって、

自分の見方「マイ・リアリティ（ｍｙＲ）」をリアリティ（Ｒ）へと書き換えることができる。この原理を利用して経営者が現実にしたい世界（Ｒ）の臨場感を高め、従業員の価値観（ｍｙＲ）を段階的に近づける。

• 原則5：満足しても人は動かない。
人を動かすのは「期待感」である

「幸せな未来」を得られそうだという「期待感」によってドーパミンが放出される。ドーパミンが発生すると、人は渇望しているものを得るために、行動せずにはいられなくなる。

• 原則6：「報酬システム」が反応すると
ドーパミンが放出される

欲求を引き出すのは脳の「報酬システム」という部位である。「報酬」には金銭や地位などの「外的報酬」と、心理的に得られる「内的報酬」がある。人の意欲は「内的報酬」に強く影響される。人は「報酬」を得られる期待感により動機づけられる。

• 原則7：報酬システムの「報酬」となるのは
「5つの欲求」である

「報酬システム」の「報酬」としてはマズローが提唱した「5つの欲求」が効果的である。5つの欲求とは、①生理的欲求　②安全欲求　③所属と愛の欲求　④承認（尊重）欲求　⑤自己実現（成長）欲求である。

第3章

“ビジョン型のカルチャー”に変える「7つのステップ」

人が動く本質を理解したところで、いよいよあなたの会社を「ビジョン型のカルチャー」に変えていくプログラムにとりかかっていきます。

まず、全体像を再確認しておきましょう。

影響力の経営とは

経営者のビジョンを心から実現したくなるように従業員の「価値観（メンタルモデル）」を書き換える。それによって、ワンマン経営でなくても〝会社が回り続ける〟組織カルチャーへと変貌させるメソッド。

これによって経営者である〝あなた〟が得られるもの。それは、

- **ビジュアル化されたビジョンに至るストーリー**
- **共感を生み出すオンリーワンの強み**
- **自分の成長に責任をもち、ひと皮むけた従業員**
- **従業員同士が相互に関心をもち、尊重するチーム意識**
- **従業員同士が建前でなく、本音で語り合える場**

- 組織を停滞させず、常に変化させせようとする従業員の自律マインド
- 仕事で困っていることをオープンにし、それをお互い助け合うチームワーク

などです。イメージしてみてください。

カルチャーは会社の土台

あなたの会社をビジョン型のカルチャーにする目的。それは、もちろん経営者である〝あなた〟の理想世界ビジョンを実現することです。これに加えて、実はもう1つ大きな目的があります。それはワンマン経営から脱却することです。

カルチャーとは、会社の中での意識や行動が「当たり前」になる状態です。すなわちビジョン型のカルチャーにするということは、従業員のビジョンに対しての意識や行動が当たり前レベルになること。つまり、ビジョンに対して自分で考え、行動できるようになることです。

ところで、サッカーなどの組織スポーツにおいて、選手に求められるものは何だと思いますか？　もちろん、スキルや体力は重要ですが、それと同じくらい求められるものがあります。それは「戦略理解力」です。監督の意図を理解し、試合の流れの中で選手個人が考え、行動する。そして、チームとして連携する力です。個人の技量はもちろん大事ですが、戦略とフィッ

トしなければその技量を活かすことができません。反対に、個人の技量は相対的に劣っていたとしても、戦略にフィットできる選手であったならばどうでしょうか？　この選手のほうがチームに貢献できるかもしれません。

会社に置き換えると、サッカーの戦略にあたるのが「ビジョン」。チームは組織です。監督は経営者である〝あなた〟。そして選手が従業員です。従業員の戦略理解力を高めることによって、戦略にフィットした行動になる。そしてチームとして機能するようになるわけです。これらを支える土台となるもの。それが「カルチャー」です。

サッカーは選抜した選手でゲームをします。しかし、会社は〝従業員全員〟でビジネスというゲームをするのです。全員の戦略理解力を高め、行動へと移させるためには「カルチャー」をつくることが必須です。

経営者である〝あなた〟が多忙なのは、組織と従業員を方向づけるために、細部にわたり神経をとがらせ、指示を出しているから。また他人に任せられず、自らが大量の業務をこなしているからです。

では、従業員全員の戦略理解、つまりビジョン理解が進んだとしたら。それに合わせてビジョンに対する意識や行動レベルが飛躍的に高まったとしたら。会社全体が、みんなで力を合わせて「ビジョンを実現しよう」とするカルチャーになったとしたら。どうでしょうか？ あなたは、ナンバー2である幹部や後継者に、「自分の仕事をもっと任せてもいい」と思えるのではないでしょうか。

ビジョン型のカルチャーに変えることとワンマン経営を脱すること。これらは表裏一体の関係であることを確認しておきましょう。

心理誘導プログラムの概要（ビジョン型カルチャーへの7ステップ）

本書は、従業員と組織の価値観（メンタルモデル）を「ビジョン型のカルチャー」に書き換えるプログラムです。報酬システムで期待感を引き起こす。これが価値観を書き換えるように「心理誘導」するうえでの基本です。

「ビジョン」は、あなたが現実にしたい世界、つまりリアリティ（R）です。報酬システムで従業員の期待感を引き出すことで、従業員の見方（myR）を段階的に引き上げ、ビジョンの臨場感を高めていきます。次第にビジョンと従業員の見方を近づけていきながら、最終的にはビジョンと従業員の見方が重なることを目指します。ビジョンと従業員の見方が重なったら、どうなるのでしょうか？　そのときビジョンは従業員の「自分ごと」になっています。
本書のプログラムでは〝7つのステップ〟で段階的に従業員の価値観を書き換えていきます。プログラムの詳細に入る前に、その全体像を把握しておきましょう。

前半のステップ1〜2では、経営者が実現したいと思っているビジョンを従業員が「クッキリ」イメージできるものを形にすることに取り組みます。

【ステップ1】ビジョン・ストーリー・マップ（Vマップ）

まずリアリティとすべきビジョンをビジュアル化し、現在からゴールに至る「ストーリー」として描きます。〝お飾り〟のビジョンではなく、従業員全員が理解できる「リアル」なものへと変貌させます。

【ステップ2】USP台本

USP（Unique Selling Proposition）とは他社と差別化する決定的な「ウリ」のことです。ステップ1で描いたビジョン・ストーリーを「USP」に変換して、日常業務の武器となる「台本」をつくります。ビジョンを従業員の日常業務の側に置いておける状態にします。

次に中盤のステップ3〜4では「ビジョン」を従業員1人ひとりの役割に重ね合わせます。

重ね合わせた役割を意識しながら「行動と成長」、「仲間への関心」へと心理誘導していきます。

【ステップ3】 セルフ・キャスティング

会社のビジョンと従業員個人の役割を重ね合わせるために、従業員はビジョンにおける「自分のキャッチコピー」をつくります。会社や仕事における自分自身の役割を常に意識せざるをえなくします。

【ステップ4】 3行日報

毎日の成長と仲間を観察し、「3行の日報」として記録します。毎日たった3行書くだけで従業員が驚くほど自分から行動するように変わっていきます。

「自分のキャッチコピー」の振り返りと、成長のための行動を日常化し、価値観の書き換えを進めていきます。

後半のステップ5〜7では従業員個人の心理誘導から組織への心理誘導へと移っていきます。チームワークを醸成し組織や職場からの視座をもてるようにします。

【ステップ5】 オフサイト・フィードバック

従業員同士が「ホンネ」で語ることのできる雰囲気づくりに取り組みます。会社の中には序列や役割など、さまざまな人間関係が存在しているためホンネを言うことはタブーになりがちです。しかし、ある工夫をしてホンネを出しやすい空気をつくることができます。

【ステップ6】3人のリーダー

チームが成長し続けるために従業員全員がリーダーシップをもつための取り組みです。組織を停滞させず、常に進化させ続けるための「3つの役割」。これを従業員全員が交替で担います。この役割を担うことにより従業員の仕事に対する「視座」を書き換えていきます。

【ステップ7】ウシロメタイの告白

従業員が自分で抱え込んでしまい悩んでいる仕事の問題。それを当たり前のように仲間同士でサポートできるようにします。表面的な一体感をあおるだけでは本当の「チーム」になることはできません。互いに仲間を気遣

図8：「影響力の経営」7つのステップ

ステップ1	・ビジョン・ストーリー・マップ
ステップ2	・USP台本
ステップ3	・セルフ・キャスティング
ステップ4	・3行日報
ステップ5	・オフサイト・フィードバック
ステップ6	・3人のリーダー
ステップ7	・ウシロメタイの告白

い、助け合う。そのような真のチームへと育んでいきます。

いよいよ実践スタートです！

7つのステップを進めるごとに、あなたの理想世界ビジョン（R）の臨場感を高め、従業員の見方（myR）を書き換えていく。これによって、あなたの会社を「ビジョン型カルチャー」へと変化させます。

これからは、段階的に価値観が書き換わるよう、プログラムが緻密に設計されています。この後、7つのステップそれぞれを学習し、実際に取り組んでもらいますが、必ずステップ1から順に進めるようにしてください。各ステップ間のつながりを意識して進めていくと、プログラム全体をスムーズにコントロールできるはずです。

それでは、あなたの理想とするビジョン型カルチャーに向けて、影響力の経営7つのステップをスタートしましょう。

ステップ 1

ビジョン・ストーリー・マップ（Vマップ）

本書の目的。それは「ビジョン」を実現する組織カルチャーに変えることでしたね。ビジョンを目的とするからには、まず従業員がビジョンをクッキリ認識している必要があります。ではクッキリとは、どのような状態を言うのでしょうか？

絵や映像などのビジュアルとして思い浮かんでいる状態、つまり頭の中で自分なりのイメージが意識されている状態だと私は思います。クッキリの反対はボンヤリ。ビジョンがボンヤリしか認識できないのでは意味がありません。ビジョンに対して「何をすべきか？」という行動の判断ができないからです。

そこで最初のステップでは、会社のビジョンを従業員全員が強くイメージできるようにすることからスタートします。

ステップ1ではビジョンをクッキリと見えるものにすること。それを従業員の頭に刷り込むこと。これがテーマになります。

あなたの会社には〝公式〟なビジョンがありますか？　今や会社がビジョンをもつのは当た

り前。会社のＷｅｂサイト（ホームページ）やパンフレットで公表している会社もたくさん見られます。あなたの会社もそうではないでしょうか。また節目の行事での訓示としてやポスターにして掲示するなど、従業員に周知しようとされているのではないでしょうか。

ところで、ビジョンは何のためにあるのでしょうか？　「今さら？」と言われるかもしれませんが、重要な原理原則があります。一緒に確認してみましょう。

ビジョンがあれば本当に成果が出る？

１９９０年、米国で『ビジョナリー・カンパニー』（ジェームズ・C・コリンズ／ジェリー・I・ポラス著）が発刊され、世界的なベストセラーになりました。これが世界的に「ビジョン」の重要性を認識させる契機になりました。

同書は時代を超え、際立った存在であり続ける企業18社を選び出し、会社設立からの歴史全体を徹底的に調査したレポートです（この18社はアメリカの主要企業の経営者から採ったアンケートによって選び出されています）。

際立った存在である会社は、なぜ際立つことができたのか？　この18社に共通することは何か？　他の会社と比較して何が違うのか？　これがテーマになっています。この「時代を超え、際立つための源泉」とは何なのでしょうか？

同書では、

・会社のアイデンティティ（存在意義）である「基本理念」があること

・「基本理念」に向けて従業員と組織を一丸にさせる、経営者のリーダーシップが発揮されていること

と結論づけています。

際立つ会社の条件はビジョナリー・カンパニー、つまり「ビジョン型チーム」の会社であるということです。

同書の教訓から、多くの会社が「ビジョン」を強く意識するようになりました。しかしビジョンがあれば会社は本当にうまくいくのでしょうか？

実は、そんなことはありません。ビジョンがあっても多くの会社は成果を出せていないのです。それはなぜでしょうか？

神戸大学の金井壽宏《としひろ》教授は次のように言います。

——リーダーがビジョンを語ったり、目標を設定することで、チームが一丸となりメンバーのモチベーションも上がるという幻想があると思います。ところが企業の実態を見ると、トップが「ビジョン○○」とか「シナリオ○○」「ヒューマン○○」のような大仰なものを掲げて悦に入っているだけで、現場は数字合わせに汲々としているようなケースが少なからず見受けられます――。

つまりビジョンは形式としてあるだけ。このような会社が実に多いのです。「顧客満足の追求」などと、表面的に立派な言葉を〝お飾り〟にしているだけでは何も変わりません。

形式だけのビジョンでは、本当のビジョンとは言えません。なぜなら、ビジョンは「会社の目的」だからです。目的がハッキリしないということは、出すべき成果もハッキリしていないということです。成果がハッキリしなければ、従業員は「何をすべきか？」が曖昧なまま仕事をすることになってしまいます。

ビジョンをイメージさせるための条件

本書が目指すのは、あなたの会社を「ビジョン型チーム」に変えることです。つまり会社のカルチャーをビジョンにふさわしいものにします。そのために、まずすべきこと。それはビジョンを従業員がイメージできる「形あるもの」として整備しておくことです。

ビジョンは会社の将来像を言語化したもの。具体的な業績目標などとは異なり、抽象度は高めです。抽象度が高いということは、それをイメージする難易度も高いということです。しかし従業員がイメージできなければ、ビジョンに対しての臨場感をもつことができません。では従業員がイメージできるビジョンとは、どのようなものなのでしょうか？

イメージできるビジョンの条件は、次の〝2つのパワー〟があることです

1・ゴールパワー

会社の「理想世界」が達成された状態。それが提示できていること

2・ストーリーパワー

経営者として「理想世界」に連れていける見込みがある。その根拠を従業員に伝えることができるものであること

ビジョンには、この2つのパワーが絶対に必要なのです。

・ゴールパワー

まずゴールパワーとは会社の将来像である「理想世界」そのものに力があることです。力のある理想世界とはどのようなものでしょうか？　3つのチェックポイントがあります。あなた

の会社のビジョンに次の3点が表現されているかをチェックしてみてください。

【チェックポイント】

①社会をどのように変化させている状態なのか？

・社会にどのような価値が提供できている状態なのか？

・社会にどのような影響力をもっている状態なのか？

②自社と他の会社とでは何が違うのか？

③創業から現在に至る経営者や会社メンバーの〝強い思い〟や〝信念〟が反映された内容になっているか？

いかがでしょうか？　表面的に掲げた「顧客満足の追求」などにゴールパワーは絶対にありません。あなたの会社のビジョンに表されている「ゴール」にパワーはありますか？

・ストーリーパワー

次にストーリーパワーです。ゴールパワーは会社の将来像である理想世界そのものに力があることでした。それに対してストーリーパワーとは、理想世界に至る「確かな道筋」。つまり「どのようにゴールにたどり着くのか」が示されていることです。すなわち現在地点からゴールまでに至るまでを、従業員がクッキリとイメージできることが重要です。

ゴールとしてのビジョンを明文化している会社はたくさんあります。しかしゴールに至るまでのストーリーを描いている会社は、私が知る限り多くはありません。

ここで取り組もうとしていることを思い出してください。「従業員の価値観」を「会社のビジョン」と重なるように書き換えることでしたね。価値観を書き換えるには「ストーリー」で臨場感を高めていくことが必須になります。

ストーリーの中に従業員を連れていく

この過程では、最初のステップで、いかに従業員にビジョンを刷り込むかが勝負になります。ビジョンを刷り込むには「ゴールパワー」だけでは足りません。なぜなら会社のゴールである理想世界と現在の従業員個人との距離があまりにも遠いからです。

つまり「従業員の価値観」と「会社のビジョン」との重なりが少なすぎるのです。これでは従業員がビジョンに自分自身を投影することができません。

自分自身を投影するうえで有効なもの。それが「ストーリー」です。もし映画や小説で結論だけ見せられたとしたらどうでしょうか？　おもしろくも何ともないですよね。結論に至るまでに起こるさまざまなドラマ。これで手に汗を握るわけです。手に汗を握るということは、「自分自身をドラマの中に投影している」ということ。これが臨場感が高まっている状態なのです。

あなたの会社も将来の理想に向けて進んでいる途中です。その中で従業員はゴールだけ示されてもなかなか臨場感は高まりません。必要なのは〝どのようにしてゴールにたどり着くのか〟、そこに至るまでのストーリーです。ストーリーの中の登場人物、それが従業員です。だから従業員は、ストーリーの中に自分を投影しやすいのです。ビジョンはストーリーを示してこそイキイキと臨場感のあるものになります。問題はビジョンを「どのようにストーリーとして描くのか？」というこ

図9：ゴールまでのストーリーを描く

どこに向かうべきか?
ゴール
今どこにいるのか?
どのように到達するのか?

とです。

「私たちはどこに行くのか」というのがゴール。「そこにどうやってたどり着くのか」はストーリーです。ストーリーとゴールは一体の関係。つまりビジョンは、ストーリーの良し悪しで、ゴールにたどり着けるか否かが決まります。

ストーリーは臨場感を高めるもの。同時に会社の「理想世界」の実現方法を表現するものでもあります。成果を出している会社と出していない会社の違いは、ビジョン・ストーリーが描きされているか否かの違い。そう言っても過言ではありません。

ここのステップで「ビジョン・ストーリー」を形あるものとして、しっかりつくり込んでいきましょう。

ストーリーは地図（Vマップ）

いよいよビジョン・ストーリーをつくっていきます。ビジョンのゴールとなる理想世界に至る道筋。これがビジョン・ストーリーです。つまり「ストーリー」とは現在からゴールまでの「地図」です。

地図とは、どのようなものなのでしょうか？　まず基本として以下の点を押さえておきましょう。

- **絵（ビジュアル）である。言語だけではなく視覚で理解できるからこそ、使いやすい道具となる**
- **描かれているのは点ではなく線である。つまり現在からゴールまでのつながりである**
- **経営における「現在からゴールまでのつながり」は、適切な段階を踏んで進んでいる**
- **この段階の踏み方が理にかなっていなければ、上の段階に進むことはできない**
- **段階を踏むということは、現在から将来までの「時間」の推移という概念がある**

ビジョンのストーリーが描かれた地図。名づけてビジョン・ストーリー・マップ（Vマップ）です。次からVマップのつくり方を説明していきます。

ビジョン・ストーリー・マップ（Vマップ）の「基本の型」

Vマップには「基本の型」があります。まず、この型を理解しましょう。基本の型は次の通りです。

インプット
➡
プロセス
➡
アウトプット
➡
アウトカム
➡
ゴール

「インプット」は投入です。経営においては経営資源と言われるヒト・モノ・金・情報が一般的に、投入する対象になります。

「プロセス」はモノゴトを進める方法・手順です。経営においては業務を進める方法・手順になります。

「アウトプット」はプロセスによって生み出される成果物です。成果物はモノだけでなく、その質や量といった能力を測る尺度も含まれます。

「アウトカム」は外部（消費者やお客様）からの「アウトプット」に対して感じる価値と、その評価です。重要なのは「外部から」ということ。つまりアウトカムは外部から頂戴するものなのです。

ゴールはビジョンが達成された状態である「理想世界」でしたね。地図の最終目的地点がここです。

このように、インプット➡プロセス➡アウトプット➡アウトカム➡ゴールは、現在から未来に至る「ストーリーの流れ」をガイドするものです。ストーリーの流れは、次のように進みます。

・ヒト・モノ・金・情報（インプット）の質が高まると、業務（プロセス）の質が高まる
・業務（プロセス）の質が高まると、それによって生み出される成果物（アウトプット）の質が高まる
・成果物（アウトプット）の質が高まると、消費者やお客様が会社に価値を感じ、信頼を得る（アウトカム）ことができる
・消費者やお客様と信頼関係を築き、それに見合った対価（アウトカム）をいただくことができるようになったときに、ビジョンの「理想世界」（ゴール）に到達できる

インプットからゴールにつながる「⬇」に大きな意味があることにお気づきでしょうか？ストーリーは「⬇」の元と先のつながりがもっとも大切なのです。これは因果関係となるからです。インプットからゴールまでのベストな「⬇」をコントロールする。これがゴールである理想世界への行き方です。

次に具体的なVマップの設計方法と、その手順をお話しいたします。

Vマップをつくる手順

Vマップの基本の型はインプット⬇プロセス⬇アウトプット⬇アウトカム⬇ゴールで構成さ

れます。これはモノゴトが起こる順番です。順番というのは、現在から将来に至る時間軸です。ビジョンの理想世界であるゴールは、Vマップにおいては一番遠くの将来です。その将来に向けてインプットから積み重ねて進めていきます。

さて、Vマップを設計する目的は何だったでしょうか？　ゴールである理想世界を実現することです。ゴールに到達できるストーリーでなければ意味がありません。

ゴールに到達できるストーリーを設計するうえでは、Vマップをつくる手順が重要になります。その手順とはゴールから〝逆算〟して設計することです。設計する手順は次のようになります。このガイドにそって、あなたの会社のストーリーを一緒に考えてみましょう。

【Vマップの設計手順】

ゴール
⬇
アウトカム
⬇
アウトプット
⬇
プロセス
⬇
インプット

（図10）

①ビジョンの理想世界（ゴール）になるということは、消費者やお客様が当社にどのような価値を評価し、信頼を得た（アウトカム）ときなのだろうか？

②消費者やお客様から理想的な評価（アウトカム）を得るためには、どのような成果物の量や

質（アウトプット）が必要なのだろうか？

③理想的な成果物の量や質（アウトプット）を生み出すためには、どのような業務（プロセス）の質が必要なのだろうか？

④業務（プロセス）の質を高めるためには、どのようなヒト・モノ・金・情報（インプット）が必要なのだろうか？

このようにVマップは、ゴールであるビジョンの「理想世界」から逆算して考えていきます。将来のゴールを基点に、現在にさかのぼりながらストーリーを設計していくのです。

それでは、Vマップを実際につくってみましょう。つくるときには模造紙と付箋（もしくは、ホワイトボード）を用意してください。

・ゴール

ビジョンが実現した状態である理想世界。

図10：インプットからゴールまでの流れ

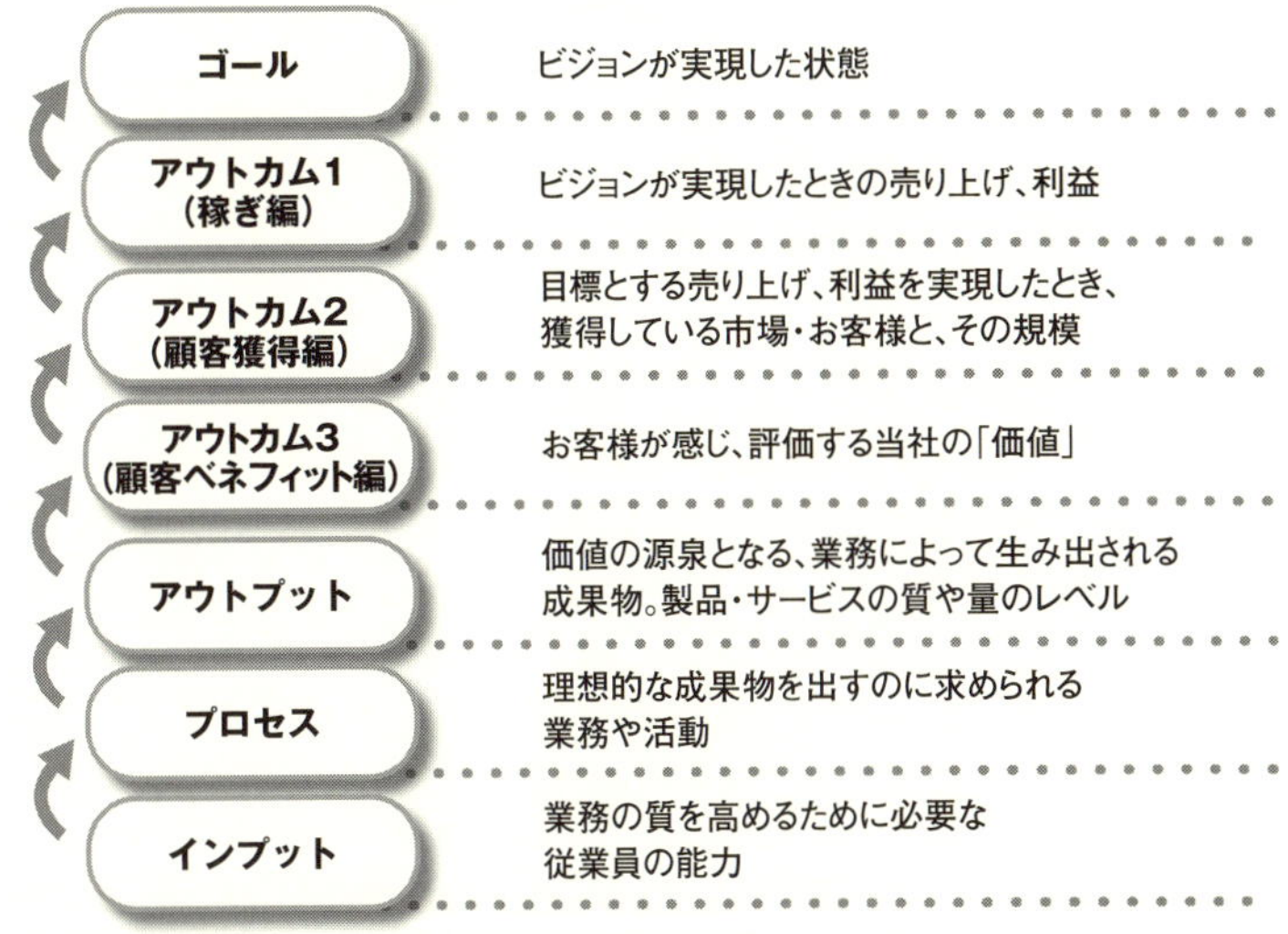

ゴール	ビジョンが実現した状態
アウトカム1（稼ぎ編）	ビジョンが実現したときの売り上げ、利益
アウトカム2（顧客獲得編）	目標とする売り上げ、利益を実現したとき、獲得している市場・お客様と、その規模
アウトカム3（顧客ベネフィット編）	お客様が感じ、評価する当社の「価値」
アウトプット	価値の源泉となる、業務によって生み出される成果物。製品・サービスの質や量のレベル
プロセス	理想的な成果物を出すのに求められる業務や活動
インプット	業務の質を高めるために必要な従業員の能力

これを一番上に書きます。Vマップをつくるうえでの基点になります。ここを判断基準にしながら、この後を考えていきます。

・アウトカム

ビジョンの理想世界（ゴール）を実現したとき、消費者やお客様は当社にどのような価値を評価し、信頼を得ているのかを表現します。Vマップでは次の3つの「アウトカム」を表現できるようにします。

・アウトカム1：稼ぎ（売り上げ、利益等）
・アウトカム2：市場・お客様の獲得状況
・アウトカム3：市場・お客様が感じ、評価する価値（ベネフィット）

これら3つのアウトカムを個別に見ていきましょう。

・アウトカム1（稼ぎ編）：稼ぎの状況

ゴールを達成したとき、売り上げや利益などの稼ぎがどのようになっているかを表現します。ビジョンを実現したときに、どれくらいの「稼ぎ」を得ていたいのか？　数値でハッキリと表しておきましょう。

・アウトカム2（顧客獲得編）：獲得している市場・お客様の規模

稼ぎの状況を実現するうえで「獲得している市場・お客様」と、その「規模」を表現します。これを表現するうえで重要なのは、会社のターゲットである市場やお客様を明確にすることです。「私たちのお客様は誰なのか？」、これを具体的に定義することが重要です。

規模はゴール地点でお取引いただいている数、対象となる事業領域のシェア、事業地域内のシェアなどを数値で表します。

- **アウトカム3（顧客ベネフィット編）：お客様が感じ、評価する価値（ベネフィット）**

稼ぐ、そして「お客様になっていただく」ための条件。それはターゲットであるお客様に買っていただくことです。アウトカム1と2の内容を確認してみてください。そのときお客様があなたの会社から買っている理由は何でしょうか？

あなたの会社から買う理由。それが会社に感じる価値の評価です。この価値のことをベネフィットと言います。あなたの会社は何でお客様に評価されたいのか。それを具体的な言葉で表現します。なお、ベネフィットについては次のステップ2で詳しく説明します。

- **アウトプット**

「アウトプット」は業務によって生み出される成果物です。お客様に提供する製品・サービスの質や量のレベルを表現します。これがお客様が感じ、評価する価値の源泉となります。製品・

サービスの質や量の例としては次のようなものがあげられます。

- **製造不良率（良品率）**
- **納品リードタイム**
- **新商品リリース数**
- **提案数**
- **店舗開発件数**

・プロセス

「プロセス」は業務の方法や手順です。ここでは理想的な成果物の質や量（つまりアウトプット）を出すためには、どのような業務をすべきか、またどのように業務を変えていくべきかを表現します。つまりアウトプットを出すために必要な業務要件を明らかにするのです。

・インプット

「インプット」は業務（プロセス）に投入するものです。経営においては経営資源と言われるヒト・モノ・金・情報が一般的に投入する対象になります。

Vマップでは、「ヒト」に着目します。なぜならプロセスにおいて業務活動をするのは従業員だからです。「業務」の質を高めたければ、従業員の質を高める必要があります。
では、従業員に求められる「質」とは何でしょうか？ それは「能力」です。インプットでは従業員に必要な能力とそのレベルを表現します。

Vマップの例（通販会社）

ある通販会社（A社）のVマップを例に解説します（図11）。

A社は家電・AV機器を中心に取り扱う通信販売会社です。家電・AV機器販売の業界は量販店を中心に価格や品揃えで勝負する会社が多い中、A社はそれとは一線を画したビジネスの仕方を目指しています。

A社がターゲットにするお客様は、中高年で機械に強くない層です。彼らは自分自身では機器を選ぶことは苦手です。だけど関心はもっている人たちです。

たくさんの商品の中からお奨めできる良い商品だけを選び、わかりやすく伝える。モノを売るだけではなく、モノの向こうにある変化や生活を伝えられる企業であることがA社のモットーです。そのため商品の仕入れからアフターフォローまで、全過程において責任がもてるよう、

図11：A社のVマップ

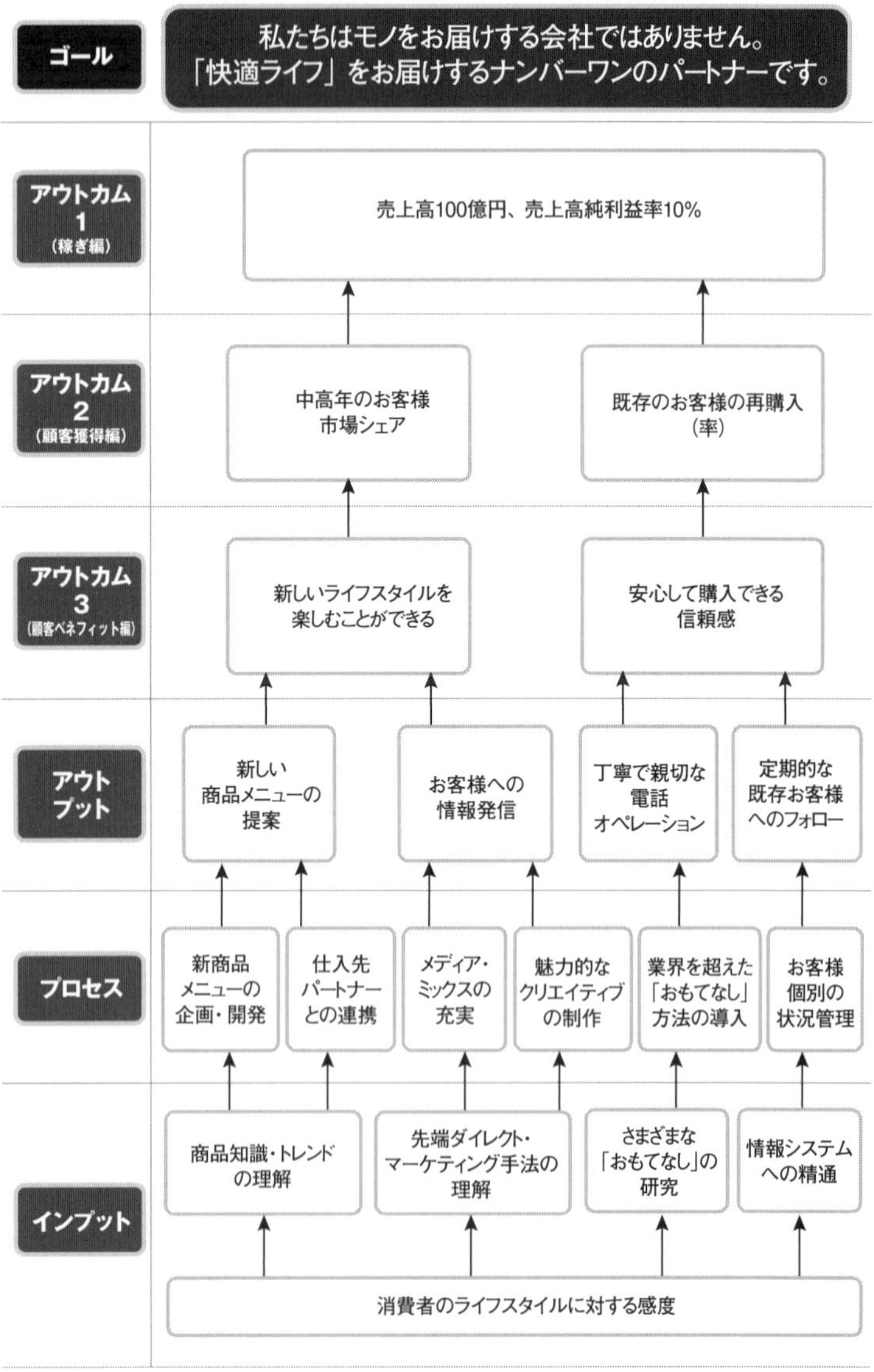

ゴール
私たちはモノをお届けする会社ではありません。
「快適ライフ」をお届けするナンバーワンのパートナーです。
アウトカム 1 （稼ぎ編）
売上高100億円、売上高純利益率10%
アウトカム 2 （顧客獲得編）
中高年のお客様 市場シェア
既存のお客様の再購入（率）
アウトカム 3 （顧客ベネフィット編）
新しいライフスタイルを楽しむことができる
安心して購入できる信頼感
アウトプット
新しい商品メニューの提案
お客様への情報発信
丁寧で親切な電話オペレーション
定期的な既存お客様へのフォロー
プロセス
新商品メニューの企画・開発
仕入先パートナーとの連携
メディア・ミックスの充実
魅力的なクリエイティブの制作
業界を超えた「おもてなし」方法の導入
お客様個別の状況管理
インプット
商品知識・トレンドの理解
先端ダイレクト・マーケティング手法の理解
さまざまな「おもてなし」の研究
情報システムへの精通
消費者のライフスタイルに対する感度

自前主義の形式をとっています。

A社は10年後のビジョンの「ゴール」として次のようになる姿を描いています。

「私たちはモノをお届けする会社ではありません。『快適ライフ』をお届けするナンバーワンのパートナーです」

このビジョンの「ゴール」にどのように到達するのか。それをストーリーとして描いたのがVマップです（図11）。

・アウトカム1（稼ぎ編）：稼ぎの状況

ゴールを実現したときに、どれくらいの売り上げや利益をあげているか？　A社は「売上高100億円、売上高純利益率10％」を目標にしています。

・アウトカム2（顧客獲得編）：獲得した市場・お客様の規模

売上高100億円、売上高純利益率10％を実現するうえで、獲得すべき市場やお客様の「規模」を算出します。この規模を算出するためにはターゲットである市場やお客様を定義する必要があります。

A社はターゲットとしている市場・顧客を「中高年で機械に強くない層。自分自身では機器を選ぶことは苦手、だけど関心はもっている人たち」と定義しています。A社が独自に集計したこの層の市場規模の中で「30%のシェア」をとることを目指すことにしました。

またA社では、一度購入していただいたお客様と継続的に購入してもらえる関係を築くことが重要だと考えています。そのため既存のお客様の再購入（率）もストーリーに入れることにしました。

・アウトカム3（顧客ベネフィット編）：市場・お客様が感じ、評価する価値（ベネフィット）

ターゲットとしている中高年で機械に強くない層に購入してもらうために、どのような価値を感じてもらい、評価してもらうのか？　A社はお客様が「新しいライフスタイルを楽しむことができる」と表現しました。これがお客様がA社から購入する本当の理由、つまりベネフィットになります。

また既存のお客様に再購入していただくためにお客様に評価してもらうこと。それはA社であれば安心して購入できるという、A社に対する「信頼」を感じてもらうことだと考えました。

・アウトプット

お客様に新しいライフスタイルを楽しむことができると評価してもらうために、A社が提供すること。A社では2つの要素をあげました。

1つは「新しい商品メニューの提案」です。A社ではたくさんの商品の中からお奨めできる良い商品だけを選び、お客様に提案することを特徴にしています。お客様に評価をいただくうえでは、この提案の質と量が鍵となります。

もう1つは「お客様への情報発信」です。新しいライフスタイルを楽しむことができると評価してもらうためには、選んだ商品をお客様に「いかにわかりやすく伝えるか」が重要になります。伝え方の質と量をいかに高めていくかも、A社の課題となります。

アウトカム3（顧客ベネフィット編）のところでストーリーにしたのが、購入後に「A社であれば安心して購入できる」とお客様に評価してもらうことです。この評価をもらうために提供することとして2つの要素をここであげています。1つは「丁寧で親切な電話オペレーション」。2つ目は「定期的な既存お客様へのフォロー」です。これらがA社への信頼感を感じてもらえる要因だと考えました。

このようにVマップのアウトプットではアウトカム3（顧客ベネフィット）の評価を得るうえで、お客様に何を提供するべきかが明らかになっています。

・プロセス

お客様に提供することとして、アウトプットのところであげた1つ目は「新しい商品メニューの提案」。これを実行するための鍵となる業務として「新しい商品メニューの企画・開発」「仕入先パートナーとの連携」の2つをあげました。

アウトプットのところであげた2つ目は「お客様への情報発信」。これを実行するための鍵となる業務として「メディア・ミックスの充実」「魅力的なクリエイティブの制作」をあげました。

アウトプットの3つ目は「丁寧で親切な電話オペレーション」。これを実行するための鍵となる業務としては「業界を超えた〝おもてなし〟方法の導入」を入れました。

アウトプットの4つ目は「定期的な既存お客様へのフォロー」。これを実行するための鍵となる業務として「お客様個別の状況管理」を入れることにしました。

このようにVマップの「プロセス」では、「アウトプット」を生み出すための重点業務テーマが明らかになっています。

・インプット

重点業務としてプロセスでは「新商品メニューの企画・開発」「仕入先パートナーとの連携」をあげました。この業務の質を高めていくために必要となる従業員の能力。これをA社では「商品知識・トレンドの理解力」としました。

次に「メディア・ミックスの充実」「魅力的なクリエイティブの制作」に必要な従業員の能力として「先端ダイレクト・マーケティング手法の理解」を採り上げました。

業界を超えた〝おもてなし〟方法の導入を実践するために、インプットに入れたのは「さまざまな〝おもてなし〟の研究」です。

お客様個別の状況管理を実践するうえで必要な能力として採り上げたのは「情報システムへの精通」です。

最後に、これらインプットであげた能力を支えるものとして「消費者のライフスタイルに対する感度」を入れました。これが能力すべての土台になります。

・A社のビジョン・ストーリー・マップ　まとめ

ビジョンのゴールとして描いた「私たちはモノをお届けする会社ではありません。『快適ライフ』をお届けするナンバーワンのパートナーです」。ここに到達するためのストーリーを①

アウトカム1（稼ぎ編）②アウトカム2（顧客獲得編）③アウトカム3（顧客ベネフィット編）④アウトプット⑤プロセス⑥インプットの順に見てきました。

いかがでしょうか？　Vマップでビジョン・ストーリーを描くと、「どのようにゴールに向かうのか」がハッキリ見えてきます。このA社の例を繰り返し読んで、コツをつかんでください。

ステップ2 USP台本

「あなたの会社の強みは何ですか？」

この問いかけをいろいろな場面でされていることでしょう。すでに答えを、あなたはもっているはずです。それでは次の問いについては、いかがでしょうか？

「他の会社にはない、あなたの会社〝だけ〟にある強みは何ですか？」

そう問われたら、あなたは迷うことなく答えることができますか？　あなたの従業員はすぐに答えることができますか？　この問いに迷わず答えることができる会社は、私が知っている限り、ごくわずかです。

しかし考えてみてください。「他の会社にはない、あなたの会社だけにある強み」。これこそがあなたの会社が存在するうえでの「コア（核）」だとは思いませんか？　このコアが「ＵＳＰ」というものです。

ＵＳＰを明らかにすること。そして従業員がこれを武器として使いこなす。そうできたらどんなに素晴らしいことでしょう。実はこのＵＳＰがあなたのビジョンを実現するための鍵になります。

USPとは？

「他の会社にはない、あなたの会社だけにある強み」。これをユニーク・セリング・プロポジション（Unique Selling Proposition）と言います（通常は略してUSP）。

USPには次の特徴があります。

- **お客様・消費者が企業や商品・サービスを選ぶうえでの決定的な「ウリ」である**
- **社会から「この会社じゃなければ」と思われる理由である**
- **経営理論では「差別化」や「独自性」と言われることもある**

USPの3つの単語「Unique（ユニークな）」「Selling（売るための）」「Proposition（提案）」の中で一番大事なのは何でしょうか？ 私は「Unique」だと思います。なぜなら「Unique」が、他社と異なる魅力をもっとも表す言葉だからです。「Unique」とは、つまるところ差別化ということです。

もう少し考えてみてください。そもそも差別化は、どの会社にもできることなのでしょうか？ 商品の「価格」「品質」「納期」「機能」「サービス」。これらは他社と競争している代表的な要因です。果たして、これらの競争している要因で、決定的な「この会社じゃなければ」を本当に実現できるのでしょうか？

あなたには、この難しさがよくわかるはずです。なぜなら、どこかの会社が秀でれば、必ず追随する他社が現れる現実に直面しているからです。

「他の会社にはない、あなただけの強み」であるＵＳＰ。でもＵＳＰを問われても、迷わず答えることがなかなかできない。これは、「他の会社にはない」「あなただけの」を実現するのが、そもそも難しい問題だからです。

ビジョンを実現するための鍵。それは、あなたの会社のＵＳＰをもつことです。そして従業員がＵＳＰを武器にして仕事ができるようにすることです。そうだとしたら、なんとしてもＵＳＰをつくる必要がありますね。では、どうすればＵＳＰをつくることができるのでしょうか？

「何を買うか？」よりも「誰から買うか？」

お客様や消費者は商品の価格や機能だけを見て買っているのでしょうか？ そんなことはあ

ります。その会社への共感や親しみが購入先選択の要因になっている調査結果があります。つまり「何を買うか?」だけではない。「誰から買うか?」を重要視しているということです。

お客様や消費者が抱く共感や親しみの心象。これが「ブランド」です。ブランドと言えるようになる条件を私は次のように考えています。

- **購入先の選択において、商品の価格や機能より優先される**
- **オンリーワンである**
- **会社の規模を問わず、お客様や消費者に選んでもらえる**

このようにブランドは〝特別な会社の強み〟と言えるのではないでしょうか?

さて、話をUSPに戻します。USPとは、どのようなものだったでしょうか?

- **お客様・消費者が、企業や商品・サービスを選ぶうえでの決定的な「ウリ」である**
- **社会から「この会社じゃなければ」と思われる理由である**
- **経営学では「差別化」や「独自性」と言われることもある**

これがUSPでしたね。これをブランドの条件と照らし合わせてみてください。ブランドはまさにUSPになり得るものです。

共感や親しみ。これらでお客様や消費者に感じていただけるブランドをつくる。これがUSPをつくるポイントです。

では具体的にどのようにすればＵＳＰをつくることができるのでしょうか？

ビジョン・ストーリーをＵＳＰにしてしまう！

「ビジョンのストーリーそのものをＵＳＰにしてしまう！」

これが答えです。「ビジョンのストーリー」とは何か？　そうです。「Ｖマップ」で描いたものです。なぜストーリーがＵＳＰになるのでしょうか？

ストーリーとは「物語」です。小説や映画などは物語で構成されています。なぜ物語が私たちの心を惹きつけるのか？　それは物語に触れているときに「喜び」「怒り」「哀しみ」「楽しみ」といった感情を引き起こすからです。「ハラハラ」「ドキドキ」は感情が動いている様子を表現したものですね。感情を動かされるものに、私たちは心惹かれるのです。

神話や昔話も物語です。なぜ神話や昔話が古代からずっと伝えられていると思いますか？　これらは後世に対して、強く感情に訴えかけることができるコミュニケーション手段だからです。物語の本質はコミュニケーション。だからこそ強く記憶に残り、ずっと言い伝えられるようになるのです。

このようにストーリーは、①受け手の感情に強く訴えかけ　②強く記憶に残る、そのような力があるわけです。

ストーリーにはもう1つ、とても重要な特徴があります。それはそれぞれの物語はすべてが〝唯一無二〟のものであるということです。これだけたくさんの物語があっても、同じものは1つとしてありません。ストーリーは〝オンリーワン〟なのです。

あなたがVマップで描いたビジョン・ストーリー。これもオンリーワンです。商品の機能や価格は差別化が難しい。つまり他社と同質化しやすいものです。それに対してビジョン・ストーリーは他社と同じということはありません。

USPとビジョン・ストーリーの関係を整理してみましょう。

- **USPとは他の会社にはない「あなたの会社だけ」にある強み**
- **USPとはお客様や消費者が、企業や商品・サービスを選ぶうえでの決定的な「ウリ」**
- **お客様は「共感」や「親しみ」で購入先を選択する**
- **「共感」や「親しみ」というその会社へ抱く心象が「ブランド」**
- **「ブランド」はUSPになる**
- **受け手の感情に強く訴えかけ、記憶に残るのがストーリー**
- **ストーリーはオンリーワン**
- **Vマップで描いたビジョン・ストーリーは「他の会社にはない、あなたの会社だけにある強**

み」になり得る

ステップ2でやること。それはVマップを使って〝USPを形にする〟ことです。そして、このUSPを従業員全員が仕事の武器として使いこなせるようにします。

想像してみてください。従業員全員がVマップからつくられるUSPを毎日仕事で使っているることを。どのようになるでしょうか？　ビジョンが常に従業員の近くに存在するようになります。これは物理的な近さではありません。従業員の心との距離の近さです。

USPを「台本」にする

ここから、いよいよビジョン・ストーリーをUSPとして形にしていきます。そのためにつくるものは、ビジョン・ストーリーを語る「台本」です。台本とは演劇・映画・放送などで演出の基となるセリフなどを書いたものです。比較的馴染みのある言葉ですね。

USP台本は、あなたの会社のビジョン・ストーリーを演出するセリフを書いたものです。従業員がビジョン・ストーリーの演者となるための台本です。

演劇や映画などの台本と異なるのは、USP台本のセリフは1つだけということです。同じ

1つのセリフを従業員みんなが語ります。これはUSPという共通のセリフを全員が語れるようになるということです。だからUSP台本は1～5枚程度の紙にまとめることができる、コンパクトな台本になります。

台本のセリフで大事なことは何でしょうか？　それは、受け手にイキイキと「伝わる」ものにすることです。セリフで受け手の感情を動かすわけですから。

セリフを伝えるのは従業員。受け手は誰でしょうか？　それはお客様や消費者です。USP台本のセリフは、従業員が接客や商談、販売促進、社内での打ち合わせのときに活用します。お客様や消費者、そして従業員間のコミュニケーションにおける「武器」になるのです。

この武器を使いこなせばこなすほど、USPがお客様や消費者に伝わることになります。そして、USPが伝われば伝わるほど、あなたの会社への共感や親しみが高まっていきます。共感や親しみはブランド。このブランドはビジネスの成果に大きく関係していくはずです。

想像してみてください。USP台本を使いこなしている従業員を。あなたの会社のUSPは、仕事をうまく進めるうえで活躍しているはずです。そして、それを使う従業員の心にしっかり刷り込まれていきます。

ビジョン・ストーリーを演出したもの。それが「USP台本」です。台本は業務用の文章ではいけません。なぜなら業務用の文章は感情を排した事務的な伝達を目的にしているからです。台本の目的。それは受け手の感情を揺さぶることです。USP台本は受け手の「心に残る」演出になっていなければなりません。端的に言えば、受け手が「おもしろい!」と思ってくれることが大事です。そのためには、USP台本の構成と編集のテクニックが絶対に必要です。

USP台本の構文「ユニット14」

「USP台本を自分で書けるの?」

あなたは不安になっているかもしれません。でも大丈夫です。あなたにも書くことができます。なぜなら「構文」を用意しているからです。いわば、文章をつくるうえでの型、そしてガイドです。この構文に沿って書いていけば、あなたも受け手の「心に残る」USP台本をつくることができます。

USP台本は14の構文を基本に構成します。それが「ユニット14」です。

USP台本の構文ユニット14は次の通りです。

1・私たちは何者で、何を目的としているか(ゴールビジョン:理想世界)

2・提供する商品・サービス
3・お客様への問題の提起
4・お客様に引き起こされる「痛み」の提示
5・「痛み」に対する「解決策」の提示
6・お客様が私たちから得ることができるベネフィット（アウトカム③）
7・私たちの強み、特徴（アウトプット、プロセス）
8・強み、特徴が発揮できる根拠となる能力（インプット）
9・私たちの弱み、苦心していることの告白
10・「弱み」を裏返しにして強みや特徴に「変換」
11・従業員の顔がうかぶイメージ
12・お客様の声
13・お客様が得ることができるベネフィット　（ベネフィットを強く語る）
14・情熱の告白（ビジョンを強く語る）

次からユニット14を1つずつ解説していきます。

【ユニット1】私たちは何者で、何を目的としているか（ゴールビジョン：理想世界）

ここではステップ1で明らかにしたゴールビジョン、つまり会社の将来像である理想世界を記述します。

台本のセリフの例は「私たちは〝(ここにビジョンを入れる)〟を実現しようとしている会社です」。

【ユニット2】提供する商品・サービス

提供している商品・サービスを紹介します。主要な商材の概要説明をするイメージです。

ここでのポイントは売り込みにならないようにすることです。この段階で売り込みをしたら、どうなるか？　受け手は引きます。あなたもいきなり売り込みされたくないでしょう。

このセリフの目的は、〝私たちが何者か〟を補足することなのです。マニアックに説明が細かすぎたり、ボリュームがありすぎてはいけません。受け手がその場でイメージできることが何よりも大事です。

【ユニット3】お客様への問題の提起

お客様が抱えている問題を言葉にして提起します。台本のセリフは「〇〇でお悩みではありませんか？」という問いかけを入れるのが望ましいでしょう。ここでのポイントは2つ。

1つはターゲットであるお客様を確認することです。この問題は誰の問題なのか？　誰に問題提起するのか？　その相手がボンヤリしていては、そもそも提起などできません。

2つ目は提起する問題です。「○○でお悩みではありませんか？」の○○を的確な言葉にすることです。この「○○」を的確にするコツはお客様の立場になりきって考えること。そしてお客様が普段から使う言葉で表現することです。

【ユニット4】お客様に引き起こされる「痛み」の提示

問題によって引き起こされる「痛み＝負の症状」を提示します。例えば「日頃から健康に不安を感じている」というのが問題だとすると、「そのままにしておくと本当に病気になってしまう。場合によっては入院に至るほど深刻になることだってある」というのが「痛み」です。

人は痛みを感じると感情が揺さぶられる性質があります。そして本能的にそれを解決するための方法を探そうとします。それが次のユニット5につながるセリフの流れとなります。

【ユニット5】「痛み」に対する「解決策」の提示

ユニット4で提示した痛みに対して、あなたの会社が提供できる解決策を提示します。

日頃から健康に不安を感じているという問題に対して、「そのままにしておくと本当に病気になってしまう。場合によっては入院に至るほど深刻になることだってある」というのが痛みでした。「現在の生活習慣を診断し、あなたに合った運動メニューを採り入れることです」、これが「解決策」です。

人が行動を起こそうとする動機は2つあります。1つはユニット4でお話しした痛みを感じたときです。そして、もう1つが「快楽」です。〝快楽が得られる期待〟があると欲しくなります。

痛みに対する「解決」。これは快楽です。お客様が期待を抱く解決策を表現する。この言葉によってお客様の心を揺さぶるのです。

【ユニット6】お客様が私たちから得ることができるベネフィット（アウトカム③）

お客様があなたの会社から買う理由。それが「ベネフィット」です。お客様の問題解決において何でお客様に評価されたいのか。それを具体的な言葉で表現します。このユニットのセリフはVマップの「アウトカム③：市場・お客様が評価するベネフィット」がベースになります。お客様が買う理由がベネフィットですが、お客様は何を認識したときにベネフィットを感じるのでしょうか？　それは「現状」と「幸せな未来」のギャップです。お客様のどのような幸せな未来を実現してくれるのか？　これがベネフィットの本質です。「問題のある現在」から「幸せな未来」へと移動させてくれる。それをあなたの会社に感じたときに「ベネフィット」を感じるのです。

Vマップでは、ベネフィットが表現できていましたか？　このユニットのセリフとともにもう一度確認してみましょう。

【ユニット7】私たちの強み、特徴（アウトプット、プロセス）

お客様が得ることができる「幸せな未来」であるベネフィット。このベネフィットを、なぜ私たちが提供できるのか。それを説明するのが「私たちの強み、特徴」です。このユニットのセリフは、Vマップのアウトプットとプロセスがベースになります。

プロセスという業務能力によって生み出されるアウトプット。これでベネフィット（アウトカム③）を提供する。これがVマップの流れでした。ベネフィットはお客様から評価を得るもの。プロセスからアウトプットにかけて表現する「業務の強みと特徴」は、ベネフィットの評価をいただくために私たちが実行するもの、という関係になります。

ここで表現する強みと特徴は、お客様にベネフィットを提供できる理由として妥当なものになっていますか？

Vマップの「アウトプット」「プロセス」とともに確認してみましょう。

【ユニット8】強み、特徴が発揮できる根拠となる能力（インプット）

ユニット7で表現した「強み、特徴」。これらは従業員が力を発揮できることが条件であり、また受け手を説得するための根拠となります。このユニットのセリフは、Vマップの「インプット」がベースになります。このユニットでは、従業員がどのような能力を身につけているのか？　またこれからどのような能力を身につけようとしているのか？　を表現します。

ここで表現する「従業員の能力」が私たちの〝強み、特徴をつくり出すもの〟として妥当なものになっているか。Vマップのインプットとともに確認してみましょう。

従業員の能力について、普段はお客様と話すことは少ないかもしれません。しかしお客様は間違いなく関心をもっています。経営幹部や役職者はとくにそうです。なぜなら彼らも自分の従業員を育成するという共通の関心をもっているからです。この話題をオープンにすることはお客様の関心を高める効果が期待できます。

【ユニット9】私たちの弱み、苦心していることの告白

台本も後半、ここからクライマックスに入っていきます。クライマックスの演出は「私たちの弱み、苦心していることの告白」です。これを聞いてあなたは驚いたかもしれません。「お客様にウチの弱いところを見せるなんて……」と。

なぜ、わざわざ弱みを見せると思いますか？　これには2つの理由があります。1つ目は、お客様から「正直」という信頼を得るためです。

モノゴトには裏がある――これが世の道理というもの。会社もお客様に対して良いところはアピールしますが、都合の悪いことは往々にして隠すものです。お客様にとって見えないところ、それはリスクです。

弱み、苦心しているところをオープンにするということは、お客様のリスクを取り除くことになります。お客様は自分のリスクを排除してくれることに信頼を感じるのです。

2つ目は弱みは正しく使うことによって、強みに変換することができるからです。実は、こちらが「弱み、苦心していることの告白」をする本命の目的です。

弱みを「強み」に変換する。これはどういうことでしょうか？　これは次のユニット10のセリフにつながりますのでそちらで説明しましょう。

【ユニット10】「弱み」を裏返しにして強みや特徴に「変換」

このユニットでは弱みを正しく使い、強みに変換する演出をします。弱みと強み。あなたがお客様に本当に伝えたいのはどちらですか？　当然、「強み」ですよね。ここでの狙いは強みを伝えるために弱みを使うということです。ポイントはマジカルワードを使って弱みを強みの表現に変換することです。そのマジカルワードとは「だからこそ」です。

構文としては「弱みA〝だからこそ〟強みA」という使い方をします。

弊社は創業3年目のまだまだ若い会社です（弱み）。

だからこそ業界の常識にとらわれない新しいサービスをご提案することができます（強み）。

弊社は過去に品質問題を起こし、お客様にお叱りをいただきました（弱み）。

だからこそ、それをいつまでも忘れずにいようと決心しました。私たちはお叱りの声を社内に掲示し、従業員全員で共有しています。品質管理体制も根本から見直し、他社には負けない水準になりました（強み）。


いかがでしょうか。弱みがむしろ強みをひき立てる存在になっていることが、おわかりになると思います。弱みから強みへと振り子を振ることにより「強み」がぐっと引き立ちます。

ここで気をつけることは強みで伝えたいことを念頭に「弱み」を表現することです。強みに変換できない弱みでは、共感や親しみの感情を生み出すことはできません。

ユニット9と10は、必ずセットで演出を考えましょう。

【ユニット11】従業員の顔が浮かぶイメージ

このユニットでは、活躍している従業員の様子を表現します。最近、スーパーの野菜売り場に行くと、「生産者が見える商品」をよく目にします。ときには生産者と畑の写真なども商品と一緒に見せたりしています。なぜ、わざわざ生産者をアピールするのでしょうか?

それは消費者が商品だけを見るときよりも感情移入しやすいからです。その結果、商品にプラスアルファの価値を見出します。同じ商品であっても消費者の見方が変わるのです。

USP台本では「活躍している従業員の様子」をセリフにすることによって、あなたの会社と商品を表情あるものにします。狙う効果は、お客様に共感と親近感の感情を抱かせることです。

ここでのポイントは、特定の従業員を実名入りで紹介することです。

「私たちの従業員は……」よりも「営業部の入社3年目の前田は……」のほうが感情移入しやすくなります。先ほどの野菜の生産者と同じ理屈です

また紹介する内容については、お客様に対してベネフィットを提供することに直結している活動を紹介するのが望ましいです。ベネフィットに近いほど共感と親近感を得られます。

【ユニット12】お客様の声

広告を見ると「お客様の声」が書かれているのをよく目にします。あなたが買い物をするときに、このお客様の声に影響されたことはありませんか？　購入者の声やレビューを参考にされたことがきっとあると思います。これは販売者の主張よりも、購入者の評価のほうを信頼しているということです。購入者の評価のほうが客観的な情報だと認識されているのです。これを社会的証明と言います。

さて、このユニットでは私たちのお客様の声を書き入れます。これによってお客様に「信頼」という感情をもってもらえるようにするのです。もしお客様の声を集めていない場合は、この機会にお客様に聞きにいきましょう。

【ユニット13】お客様が得ることができるベネフィット（ベネフィットを強く語る）

USP台本のエンディングに入っていきます。ユニット6のセリフであるベネフィットを、ここでもう一度繰り返します。お客様が一番関心あるもの。それがベネフィットです。ベネフィットとはお客様の「幸せな未来」でした。エンディングでベネフィットを再度見せることにより「ベネフィットが欲しい」という感情を高めてもらうのです。

そのうえで、お客様のベネフィットを提供できるのは私たちである、そう強く宣言しましょう。

【ユニット14】情熱の告白（ビジョンを強く語る）

いよいよUSP台本のフィナーレです。最後に語るセリフは「ゴールビジョン」。あなたの会社の理想世界です。つまり、ユニット1「私たちは何者で、何を目的としているか」を繰り返すのです。

もしUSP台本にタイトルをつけるとしたら、どのようなタイトルになるでしょうか？　おそらくゴールビジョンの言葉が含まれるのではないでしょうか。USP台本のメインテーマは、ゴールビジョンになります。

エンディングで、ゴールビジョンを強く語って締めましょう。「これを必ず実現する」という主旨の「想い」を伝える言葉と一緒に。

通販会社A社でUSP台本をつくってみると

ステップ1ビジョン・ストーリー・マップの事例で解説した通販会社A社を使ってUSP台本をつくってみましょう。

【通販会社A社のUSP台本】

「私たちはモノをお届けする会社ではありません。『快適ライフ』をお届けするナンバーワンのパートナーです」、これが私たちの目指す姿です。**【ユニット1：私たちは何者で、何を目的としているか（ゴールビジョン：理想世界）】**

私たちは家電・AV機器を通信販売しています。たくさんの商品の中からイキイキ熟年世代の方にお奨めできる良い商品だけを選び、ご提案しています。**【ユニット2：提供する商品・サービス】**

家電・AV機器は新しい機種が次々と発売されています。これだけたくさんの種類があると何を選べば良いのか、お悩みになることはありませんか？**【ユニット3：お客様への問題の提起】**

家電・AV機器は生活を豊かにしてくれる素晴らしいものです。しかしお客様の生活に合ったものを選ばなければお役には立ちません。どんなに人気の商品であっても、どんなに素晴らしい機能が付いていたとしても、使いやすくてあなたにピッタリのものでなければ、結局は使わずにお蔵入りになってしまいます。でも、たくさんの商品の中から自分にピッタリ合う商品を選ぶのは難しいことです。あなたならどうしますか？**【ユニット4：お客様に引き起こされ**

る「痛み」の提示】

お客様の生活をよく知っている。お客様がやりたいこともよく知っている。そして家電・ＡＶ機器の知識を豊富にもっている。もし、そのような人から「何を選べばいいのか」アドバイスを受けることができたらどうでしょうか？　その人であれば、あなたにピッタリの商品を選んでくれるはずです。【ユニット5：「痛み」に対する「解決策」の提示】

もし、あなたにピッタリのものを手に入れることができたら、あなたの生活は大きく変わります。あなたは新しい機械を使いこなし、今まで考えもしなかったことができるようになっています。あなたの新しい世界。それは快適で楽しく、そして今よりもっと〝あなたらしく〟なる生活です。【ユニット6：お客様が私たちから得ることができるベネフィット（アウトカム③）】

私たちは、あなたにピッタリのものを選び、快適で楽しい生活をご提供できる存在でありたいと思っています。たくさんある商品の中から本当にお奨めできる商品だけを厳選し、その使い方も併せてご提案いたします。そのため商品の仕入れから販売、アフターフォローまでの全過程において責任がもてるよう自前で行う体制をとっています。【ユニット7：私たちの強み、特徴（アウトプット、プロセス）】

私たちは常に多くの家電・ＡＶ機器についての調査と分析を行い、商品の理解に努めています。メーカーとも密接に連携しながら最高の商品をお届けするための企画をつくっています。

しかしどんなに良い商品でも、お客様がイメージできなければ意味がありません。私たちは使い方も含めてお客様にわかりやすくお伝えすることにも力を入れています。そして何よりもシニア世代のライフスタイルの研究と洞察、これは他社に負けない自信があります。**【ユニット8：強み、特徴が発揮できる根拠となる能力（インプット）】**

私たちは創業5年目の若い会社です。まだ広く知られている会社とは言えません。**【ユニット9：私たちの弱み、苦心していることの告白】**

しかし、新しい会社だからこそ、業界の常識にとらわれない新しいご提案ができる。それが私たちの強みです。家電業界は大手量販店を中心に、いかに安く売るかの競争になっています。私たちはその競争の中に入るつもりはありません。なぜなら私たちはモノではなく「ライフスタイル」の楽しさをご提供したいと思っているからです。私たちはモノ売りではなく、「コト」売りなのです。価格以上の「快適ライフ」という価値をお客様にご提供する。それが私たちの存在価値です。**【ユニット10：「弱み」を裏返しにして、強みや特徴に「変換」】**

弊社の自慢は社員がみんな元気で、お客様が大好きなことです。その中の1人が電話オペレーターを担当している入社1年目の前田です。彼女は入社1年目にもかかわらず、たくさんのお客様からご指名で電話がかかってくるため「ミス・ハートフル」と呼ばれています。彼女はこのように語ります。

私は半年前に入社した新入社員です。入社してすぐの頃はお客様からのご質問にうまくお答えすることができませんでした。そんな自分が悔しくて眠れない日もありました。でも、ある日、先輩に声をかけられたのです。「お客様が本当にお知りになりたいのは商品の性能のことなのかな。お客様は商品のことではなく、どのようにすれば『快適な生活』を手に入れることができるのか。そのことがお知りになりたくてお電話をされているんだと思うよ」。

私はハッとしました。お客様ではなく商品のことばかりに気が向いていたのです。その日から私は、お客様がお使いになる生活をイメージしながら商品のことを勉強しました。お客様とお話しする際には、電話の向こうのお客様の表情を想像するようになりました。そうしていると、あるお客様から「あなたに担当してもらって良かった」と言っていただいたのです。お客様のお役に立てるのはこんなにもステキなことなんだ。心からうれしく思いました。お客様にもっともっとお喜びいただける存在になること、それが私の目標です。**【ユニット11：従業員の顔が浮かぶイメージ】**

私たちの宝物はお客様からいただく、たくさんのお言葉です。その中からあるご婦人（70歳代）のお客様からいただいたお言葉をご紹介いたします。その方は先日弊社からご購入いただいたカメラをもって旦那様と旅行に行かれたそうです。

「そちらで購入したカメラがとても良かったの。今までカメラはほとんど使ったことがなかったんだけど私でも信じられないくらいキレイに撮れるのでビックリしたわ。それがうれしくて100枚は撮ったわね。夫も撮ってあげたの。カメラって本当に楽しいものなのね。おかげ様で、たくさんの思い出を残すことができました。これからプリントして子供と孫に送ってあげるの」とうれしそうにおっしゃっていただきました。何歳になっても仲の良いご夫婦の様子に気持ちがあたたかくなりました。私たちは、そんなお2人の楽しい旅行、そして旅行後の生活にお役に立てたことを誇らしく思いました。**【ユニット12：お客様の声】**

もし、あなたにピッタリのものを手に入れることができたら、あなたの生活は大きく変わります。それは快適で楽しく、そしてもっともっと〝あなたらしく〟なる生活です。**【ユニット13：お客様が得ることができるベネフィット（ベネフィットを強く語る）】**

私たちはモノをお届けする会社ではありません。快適ライフをお届けするナンバーワンのパートナーでありたい。そして、あなたに「生活が楽しくなった」と言っていただけるパートナーになりたい。心からそう思っています。**【ユニット：14：情熱の告白（ビジョンを強く語る）】**

A社のUSP台本はいかがだったでしょうか？　14の構文を使うことによって、あなたの会社のビジョン・ストーリーが魅力的に伝わる台本になります。

ＵＳＰ台本を仕事の武器にする

ＵＳＰ台本をつくったら、従業員に日常業務で使うように働きかけましょう。とくに商談や接客など、お客様と接する場においてＵＳＰ台本のセリフが威力を発揮すると思います。

ＵＳＰ台本を従業員が日常業務で使うこと、それはビジョンを日常業務に採り入れることに他なりません。今までは形式的であったビジョン。それが日常業務に入り込むわけです。そうなるとビジョンに対する臨場感が自然と高まっていくはずです。

「社長の理想世界」がビジョンでした。ステップ1ではVマップでビジョンの全体像とその構造を言葉とビジュアルにしました。

そしてステップ2では、従業員が日常業務でビジョンを道具として使うＵＳＰ台本をつくりました。ステップ1と2で抽象度の高いビジョンを従業員がイメージできるよう具体化してきました。

ここからのステップは、具体化されイメージできるようになったビジョンに対して、従業員の自分の見方を書き換え、「ビジョンに向けて行動したくてたまらない」気持ちになるよう心理誘導していきます。

ステップ
3

セルフ・キャスティング

ステップ1と2では従業員に会社のビジョンを刷り込み、イメージできるようにすることがテーマでした。

ステップ3のテーマは、イメージしているビジョンに対して従業員が〝自分自身のあり方〟を自分自身の力で決めることです。このステップでの取り組みによって、従業員それぞれが会社のビジョンの中に自分自身を「投影」できるようになります。

なぜ従業員はビジョンに関心がないのか？

本書は、従業員の価値観（メンタルモデル）を会社のビジョンと重なるように書き換えるプログラムです。ビジョンに対する「臨場感」が高まるように心理誘導していきます。でも、考えてみてください。そもそも、なぜ従業員はビジョンに臨場感をもつことができないのでしょうか？

活気があり、成果を出している会社は、従業員がビジョンに対しての臨場感を強く感じ、「自分ごと」として行動しています。そうでない会社とは何が違うのでしょうか？

それは仕事に対する「見方」に違いがあるのです。

仕事に対する「3つの見方」

ある寓話を紹介したいと思います。3人の石切り職人の話です。

——ある建築現場を通りかかると3人の石切り職人が忙しそうに働いていました。私は彼らに「何をしているの？」と聞きました。すると3人はそれぞれこう答えたのです。

第1の男は「これで生計を立てているのさ」と答えました。第2の男は金槌で打つ手を休めず「この国で一番腕のいい石切りの仕事をしているのさ」と答えました。第3の男は目を輝かせ、夢見心地で空を見上げながら「この国の人々を幸せにする大寺院をつくっているのさ」と答えました——。

あなたはこの寓話から何を感じましたか？

3人の石切り職人は、同じ仕事場で同じ仕事をしています。それなのに、3人に「何をしているの?」と聞くと、それぞれ違う答えが返ってくるのです。一体なぜなのでしょうか?

それは人によって仕事に対しての「見方」が異なるからです。仕事に対する見方は大きく3種類あると言われています。

1つ目はお勤め。これは「仕事は食うためにやるもの」という見方です。この昔話で出てきた第1の男がこれにあたります。

2つ目は、専門職。これは「仕事は、技能そのもの」という見方です。ここでは第2の男がこれにあたります。

3つ目は自分に与えられた使命。これは「仕事は、目的や大義のためにやるもの」という見方です。ここでは第3の男がこれにあたります。

仕事の「見方」とビジョン

仕事の「見方」とビジョンに対する臨場感。この関係について考えてみましょう。仕事に対する見方は①勤め　②専門職　③自分に与えられた使命の3つでした。この中でビジョンへの臨場感が一番高いのはどれでしょうか?

もちろん「③自分に与えられた使命」という見方です。「自分に与えられた使命」は目的や大義のために仕事をするという見方です。会社の「目的や大義」、それがビジョンです。

先ほどの寓話の中で「この国の人々を幸せにする大寺院をつくっているのさ」と答えた第3の男を思い出してください。彼は、まさにビジョンへの臨場感をもって仕事をしています。

あなたの会社の従業員を思い浮かべてみてください。従業員は仕事に対して、どのような見方をしているか。①勤め　②専門職　③自分に与えられた使命。それぞれの見方をしている従業員の比率は、どのようになるでしょうか？　そして、あなたが望む従業員は、いずれでしょうか？

活気があり、成果を出している会社は、「この国の人々を幸せにする大寺院をつくっているのさ」と言った第3の男のような従業員が多い傾向があります。一方、成果を出していない会社の従業員は「これで生計を立てているのさ」と言った第1の男のようになりがちです。

仕事に対する「見方」によって従業員の行動は変わってきます。「この国の人々を幸せにする大寺院をつくる」という使命を感じていれば、それを果たそうとする行動になります。そうなると、いろいろ創意工夫をするでしょう。

一方、「仕事は生計を立てる手段」と思っていれば、その範囲での行動になります。言われたことだけこなせばいい。そのような行動の仕方です。

行動が変われば当然ながら成果も変わってきます。

では、従業員の仕事に対する見方を変えて、会社のビジョンに対しての使命感をもてるようにするには、どのようにすればいいのでしょうか？　そもそもビジョンに対しての使命感をもつことができないのはなぜなのでしょうか？　それは従業員が、自分個人とビジョンとの関係性を見出せないからです。自分個人との関係性を感じること。これが「意義」です。

自分「個人」というのが極めて重要です。組織とビジョンとの関係性をいくら説得しても、個人との関係性を見出すことができなければ意義を感じることはできません。

従業員に会社のビジョンに対しての使命感をもたせるためには、従業員個人とビジョンとの関係性をつくる仕掛けが必要です。その仕掛けによってビジョンに対して「意義がある」という感情を引き起こすのです。

次にビジョンとの関係性をつくる仕掛けについて説明いたします。キーワードはキャストです。

ディズニーランドのキャスト

「キャスト」という言葉を、あなたはどこかで聞いたことがあるのではないでしょうか。キャストとは役者のことです。主に演劇の世界で使われています。実はビジネスの世界でもキャストという言葉を使っているところがあります。それはディズニーランドです。

「世界中でもっともすばらしい場所を夢見て想像することはできる。設計し、建設することもできるだろう。しかしその夢を実現するのは人である」

これはウォルト・ディズニーの言葉です。ディズニーランドはお客様がここで経験するものすべてがショーであるというポリシーをもっています。そこにいらっしゃったお客様はショーに参加していただく「ゲスト」、ゲストをお迎えするスタッフを「キャスト」と呼んでいます。

――「Guest's Happiness is my Happiness（ゲストの幸せが私の幸せ）」

始まりは、ウォルト・ディズニーの残した言葉でした。ディズニーリゾートで働いている私たちキャストの気持ちです。直接ゲストと接するキャストだけでなく、陰からパークを支える大勢のキャストもみんながこのような気持ちをもって働いています。

アトラクションでもエンターテイメントでもなく、ゲストの夢を実現させることができるのは人の力。われわれキャストは「世界中でもっとも素晴らしい場所」を夢見てやってくるたくさんのゲストに魔法をかける重要な存在なのです――（出所：オリエンタルランドＷｅｂサイトを一部改変）。

ゲストに「世界中でもっとも素晴らしい場所」つまり夢の世界を経験してもらう。その目的のために、従業員1人ひとりがキャストとして夢の世界をつくり出す使命をもって働いているのです。

アトラクションを担当しているキャストだけではありません。例えば、清掃を担当している従業員もキャストです。彼らにとって清掃はお勤めではありません。「夢の世界」をつくり出すことを使命として仕事をしています。ときには水を含ませたほうきで地面にイラストを描き、ゲストを大いに楽しませるキャストもいます。ほうきでイラストを描くのは指示されているわけではありません。キャストが「夢の世界」をつくり出す使命に基づき、自分から行動しているのです。

ディズニーランドの従業員は「ゲストに夢の世界を経験してもらう」という演目（つまりビジョン）においてキャスト（役者）としてキャスティング（配役）されている。それを1人ひとりが理解しています。これがビジョンへの臨場感が高い状態です。

キャストという言葉でビジョンに対する「役割」の意義を強くする。それによって従業員は自分個人とビジョンとの関係を理解するのです。

従業員をビジョンの「キャスト」にする

キャストの意味合いは、配属や仕事の分担ということではありません。演目（ビジョン）において自分個人がどのような存在であり、どのように振る舞うのか。自分のキャスティング（配役）のあり方を従業員「自ら」が考えるものです。これはビジョンに自分自身を投影することです。ビジョンに自分自身を投影することで、ビジョンに対する臨場感を引き上げることになります。

従業員1人ひとりが自分の心の中で「キャスティング」する。これによってビジョンにおける「かけがいのない自分」という感情を形成させます。これが「自覚」です。

従業員をビジョンのキャストにする。そしてかけがいのない自分という感情を形成させる。その方法が「セルフ・キャスティング」です。セルフ・キャスティングでは、従業員がVマップやUSP台本に描かれているビジョン・ストーリーの中での〝自分のあり方〟を「キャッチコピー」として表現することに取り組みます。

キャッチコピーとは商品などの魅力を端的に伝える言葉です。一般的には、消費者の心を強くとらえる効果を狙った印象的な宣伝文句のことを言います。

「セルフ・キャスティング」では、自分のキャッチコピーを従業員1人ひとりがつくります。

・「従業員のキャッチコピー」とはどういうものの？

・なぜ従業員が自分のキャッチコピーをつくるの？

・従業員のキャッチコピーは、どのような手順でつくっていくの？

これらについて説明していきたいと思います。

図12：ビジョンと自分を重ねる

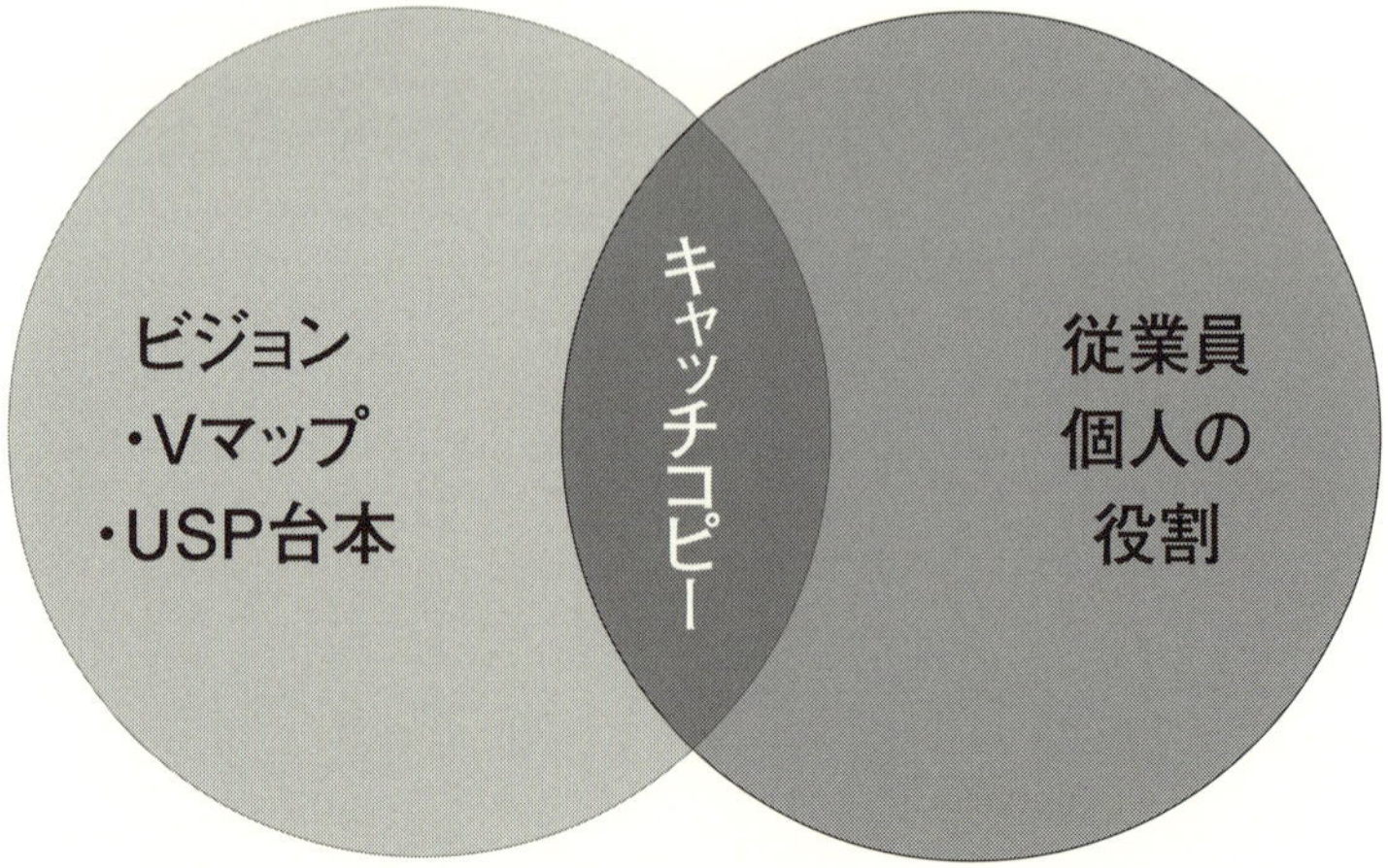

従業員のキャッチコピーとは？

従業員のキャッチコピーとは「VマップやUSP台本に描かれているビジョン・ストーリーにおいて、自分はどんな役割を担いたいのか？」という問いに答えるものです。「VマップとUSP台本で共有したビジョン・ストーリー」と「自分個人の仕事の役割」の重なったところをイメージしてください。これが「キャッチコピー」になるところです（図12）。

- **私は、お客様に商品を売るのではなく、お困りになっていることを解決して差し上げる販売員**
- **私は、ご年配のお客様でも見やすく操作のしやすいWebサイトを開発するシステム・エンジニア**
- **私は、お客様に家庭のような安らぎと温かみをご提供するサービスマン**

これらの例のように、自分がどのような役割を担うのかをイメージし、表現します。

ビジョンにおける役割にもう1つ書き加えたいものがあります。それは「モットー」です。モットーとは日常行為において心がけること。つまり自分の行動基準のことです。

・私は、お客様の気持ちになって行動します
・私は、既成概念にとらわれず、新しいデザインを追求します
・私は、笑顔を忘れず、家族のようにお客様に接します

このように、自分の行動基準を言葉にします。

従業員のキャッチコピーは「ビジョンにおける役割 ＋ モットー」で構成します。これで従業員が「自分のあり方」を言葉で表現します。

なぜ従業員が自分の「キャッチコピー」をつくるの？

従業員がビジョンに対しての使命感をもつことができないのは、自分個人とビジョンとの関係性を見出せないから。裏を返せば、使命感をもつためには、従業員個人とビジョンとの「関係を取りもつ何か」が必要ということです。この関係を取りもつ何かになるのが「キャッチコピー」になります。

キャッチコピーは、従業員個人とビジョンの関係性を簡結な言葉で明示したものになります。言葉で明示されているものがあれば、従業員はハッキリと意識することができます。

キャッチコピーをつくるためには、従業員は自分のあり方について振り返り、見つめる必要があります。これを「内省」と言います。この内省の過程がとても大事なのです。なぜなら内省することにより「自分はこのようにありたい」「このような行動をしたい」という意志が生まれるからです。この「意志」は、従業員にどのような感情を引き起こすでしょうか？　ここで引き起こされるものこそが「意義」です。

意義とは「自分が会社のビジョンに対して役割を担い、行動することには意味がある」という感情です。まずは、この感情を引き出すことが大事になります。感情を引き出すことができれば、次はそれを高めていくことが可能になるからです。感情を引き出し、高める過程で従業員の価値観を書き換えていくのです。

キャッチコピーは従業員が自分自身でつくったもの。誰かに決められたり、与えられたものではありません。その意味で純粋に「自分のもの」です。従業員はここでつくったキャッチコピーを胸に、これからを過ごします。これがビジョンに対する〝従業員1人ひとり〟のキャスティングです。

劇作家の平田オリザさんは演劇について次のような話をしています。

「演劇というのはもともと、しゃべれない人でも歩けない人でも、どんな姿をした人でも役割が与えられる。そういう芸術なのだ」

会社においての従業員もそうではないでしょうか。誰にでも役割があるのです。自分の役割が「自分の場所」と心から思えたとき、従業員はその役割を全《まっと》うしようとするのではないでしょうか。自分に役割を与えるものこそが、この「キャッチコピー」なのです。

キャッチコピーのつくりかた手順

1・VマップとUSP台本を確認する

VマップとUSP台本からビジョンの内容を再確認します。

（従業員への問いかけ）

VマップとUSP台本を見てください。あなたはここから何を感じましたか？

2・ビジョンにおける役割をイメージする

（従業員への問いかけ）

VマップとUSP台本に描かれていることの中で、あなたはどのような存在でありたいですか？

（※図12を見せながら、「〝ビジョン・ストーリー〟と〝仕事の役割〟の重なりに入る言葉を考えてください」とリードすると、従業員はスムーズに思考することができます。）

3・モットー

（従業員への問いかけ）

この存在であるうえで、あなたが自分に対して心がけることは何ですか？

4・キャッチコピーにまとめる

（従業員への問いかけ）

ビジョンにおける役割、そしてモットーで考えたことから、あなただけのキャッチコピーにしてください。

（※キャッチコピーはキレイな言葉である必要はありません。「自分の言葉」で語るほうが心に残るキャッチコピーになります。従業員が「自分の言葉」で率直に表現できるようリードしましょう。）

5・みんなで共有する

つくったキャッチコピーを順番に発表します。発表後は掲示して貼り出したり、情報システムで閲覧できるようにするなどして、いつでも見ることができるようにしましょう。

セルフ・キャスティングでの心理誘導

価値観を書き換える心理誘導のメカニズムをおさらいしてみましょう。

人は報酬（お金や報奨ではなく内面的なもの）が得られるという期待をもつと、脳内にドーパミンが発生します。ドーパミンが発生すると報酬を得ようとする欲求が湧いてきます。この報酬を手に入れたくてたまらなくなるメカニズム「報酬システム」を使い、心理誘導するのです。

マズローの欲求5段階説（P73図6を参照）のうち「所属と愛」「承認（尊重）」「自己実現（成長）」の欲求を使います。

所属と愛の欲求は自分に合った集団に属したい、仲間が欲しいという欲求。承認（尊重）欲求は他者から認められたい、尊重されたいという欲求。自己実現（成長）欲求は自己の存在意義を実現したい、より良い自分になりたいという欲求。これらの欲求が発動すると、それを得ようとする性質が人にはあります。

セルフ・キャスティングで発動させる報酬システム

セルフ・キャスティングでは「承認（尊重）」「自己実現（成長）」「所属と愛」の欲求をプログラムの中で発動させています。

・自己実現（成長）欲求

キャッチコピーは、従業員が自分のあり方を具体化したものです。いわば「個人のビジョン」と言えるものです。自分のビジョンがイメージできたとき、もっと成長して実現したいという欲求が発動されます。

・承認（尊重）欲求

従業員のキャッチコピーは「自分に対する自分の思い」です。これは自分の価値を規定したものと言えます。その価値は唯一無二です。これを他者に伝え、宣言したときに、どのような感情が湧き起こるでしょうか？　他者に自分の価値をもっと認めてもらいたい。そんな欲求が発動します。

・所属と愛の欲求

従業員が自分の「キャッチコピー」をつくる過程で、会社のビジョンと自分個人との関係を意識させました。これは従業員の気持ちを会社に親和させています。自分と会社との距離が近づく。それに伴って会社への見方も変化します。親近感や愛着という感情が強くなります。親近感や愛着の感情が強くなればなるほど、この会社に所属していたいという欲求も高まります。

ステップ
4
3行日報

ステップ3では、従業員それぞれが、会社のビジョンの中に自分を投影できるようにすることがテーマでした。そのため、ビジョンにおける自分のあり方をキャッチコピーにすることに取り組みました。

「自分のあり方」を自覚し始めているのが、ここまでの状態です。この段階では、まだ価値観が完全に書き換えられた状態ではありません。放置しておくと、そのうち意識の外へと忘れ去られていきます。

ステップ4「3行日報」で取り組むことは「キャッチコピー」を毎日振り返り、それを実現しようとする行動に仕向けることです。振り返りと行動を日常化することで、価値観の書き換えを進めていきます。

このステップでのポイントは「毎日〝あること〟を3行だけ書く」ことです。さて何を書くのでしょうか？　これで、なぜ価値観が書き換えられていくのでしょうか？

ここから「3行日報」の全容をお話ししていきたいと思います。

「仕事の意味合い」を書き換える

最近、気になることがあります。マネジメントに関する書籍を読んだり、講演を聴いたりすると、ある言葉がよく使われています。それは第1章でも触れた「ワクワク」です。多くの評論家や先生と言われる人が「仕事をワクワクするものにしなさい」という主旨のことを説いているのです。しかし考えてみてください。仕事は本来、楽しいものなのでしょうか？

日常の仕事には単調で「こなさなければならない」ものが多いのが現実です。感情にかかわらず、やるべきことはやらなければならない。そのこと自体を歪めることはできません。「ワクワクする仕事を」と言うだけでは単なる精神論になってしまいます。

このような精神論を言うのではなく、本当にあなたがやるべきこと。それは従業員の「仕事に対する見方」を変えることです。つまり従業員の価値観を書き換えるのです。「仕事そのもの」を変質させ、楽しいものにするのは極めて難しいことです。たとえば、荷物を運ぶ仕事を「ワクワクする運び方にしなさい」と言われても困ってしまいます。やるべきことは、やらなければなりません。

仕事そのものを変質させることはできない。しかし仕事の「意味合い」についてはどうでしょうか？　荷物を運ぶのは仕事そのもの。「お客様に喜んでもらえる仕事」と「面倒な作業」は、どちらも仕事の意味合いになります。意味合いは、その人の受けとめ方によって変質するのです。

仕事に対するプラスの意味合い、それが「意義」です。このステップ4では、「仕事は自分にとって意義あるもの」、このように従業員の価値観を書き換えていきます。そのために取り組むのが「3行日報」です。

3行日報とは

毎日、3つの指定された事項を1行ずつ記録します。だから3行日報です。3つのことを1行ずつ。たった3行を毎日書くことによって、〝単調〟で〝こなさなければならない〟〝我慢が必要〟な仕事を「自分にとって〝意義のあるもの〟」に書き換えることができるのです。

さて、この3行日報は、何を書くのでしょうか？　それは次の3つです。

1行目　キャッチコピー（ステップ3で作成）において行動したこと

2行目　昨日よりも0・1％以上成長できたこと

3行目　職場メンバーから学んだこと

3行日報は具体的にどのようなことを書くのか？　なぜこの3行を書くことで仕事を「意義あるもの」に書き換えることができるのか？　それを1行目から順に説明していきます。

1行目　キャッチコピーにおいて、行動したこと

ステップ3では、従業員それぞれが自分のキャッチコピーをつくりました。3行日報の1行目に書くこと。それはこのキャッチコピーで掲げたことにおいて「今日、どのような行動ができたのか」ということです。

行動を記録することは必然的に「今日の自分自身はどうだったのか？」を振り返ることになります。自分自身を振り返ることを内省と言います。内省することはどのような効果があるのでしょうか？

1つ目は、自分の行動を客観的に観るようになることです。行動の「事実」が確認できると、

それが「どれくらい良かったことなのか」、また「どれくらいうまくいかなかったのか」を自分で評価することができます。自分の行動を評価することができると「ならば、明日からどうすべきなのか？」と次にやるべきことを考えるようになります。

毎日、行動を振り返ることによって変わること、それは「行動の質」です。行動の質が変わると成果の質が変わっていきます。

2つ目の効果はキャッチコピーで掲げた「自分のあり方」を毎日意識するようになることです。「キャッチコピーにおいて行動したこと」、つまり行動を振り返ることは自分のキャッチコピーを振り返ることになります。

キャッチコピーはビジョンと従業員個人の役割、この2つの重なりから作成したもので

図13：「行動」と「意識」の変化の循環

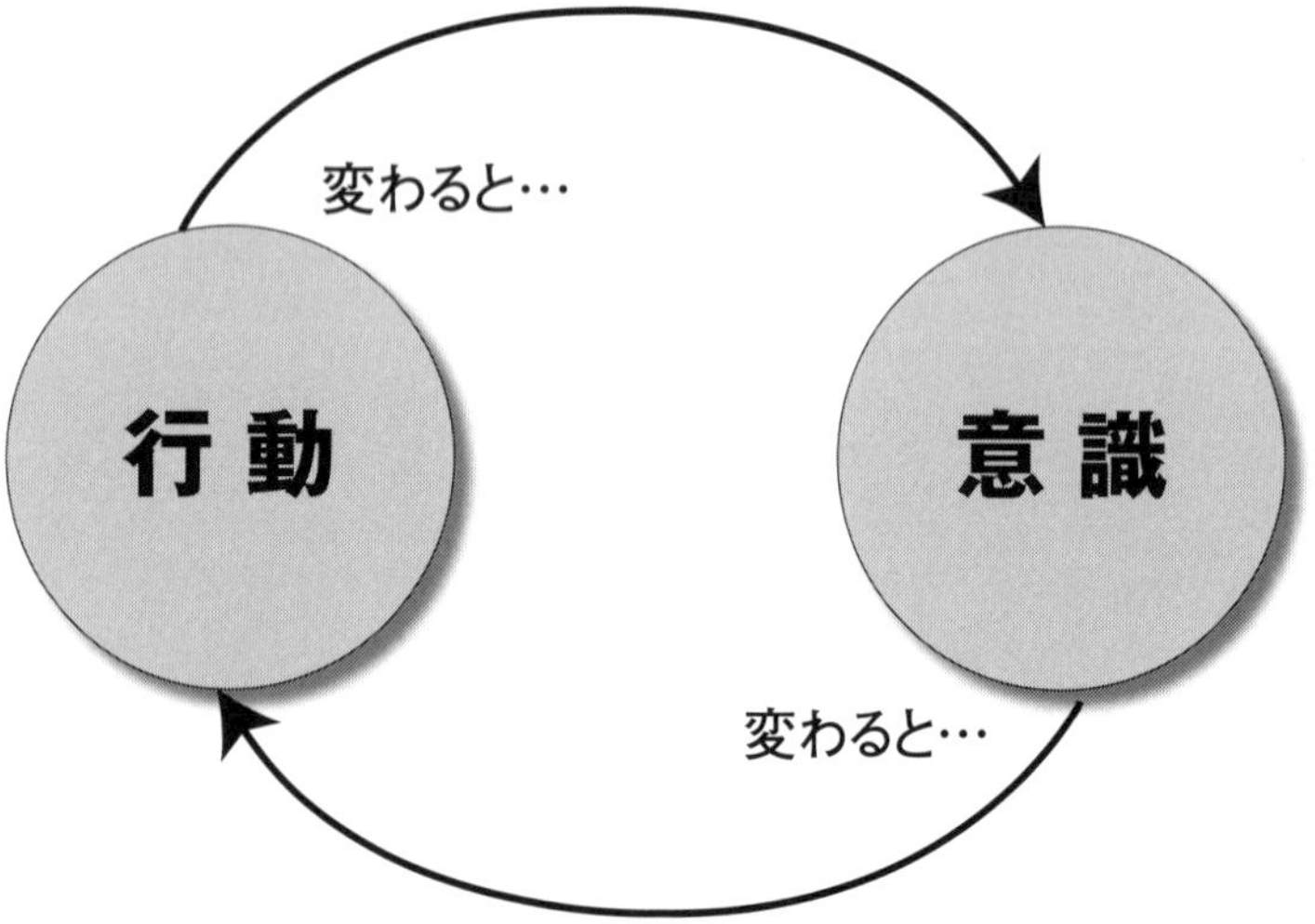

した。ということはビジョンと自分の役割を必然的に意識しなければならないことになります。これを毎日欠かさず意識すると、従業員はどのように変化していくでしょうか？　ビジョンと自分の役割を意識して行動する。これが当たり前になっていくのです。

行動が変わると、意識が変わる。
意識が変わると、次の行動が変わる。
次の行動が変わると、次の意識が変わる。……

このように行動と意識を毎日循環させます（図13）。そうすると「行動」も「意識」もどんどん良い方向に高まっていきます。

2行目　昨日よりも0・1%以上成長できたこと

3行日報の2行目に記録すること。それは「昨日よりも0・1%以上成長できたこと」です。

つまり自分の成長記録を毎日残すのです。

成長の定義は従業員本人の判断に任せて構いません。条件は自分のキャッチコピーに照らし合わせて判断することだけです。この条件さえ満たしていれば、どんなに些細なことでもＯＫです。

「０・１％」という数値にどのような印象を持ちましたか？　成長と言うにはあまりにも小さい数値と思われたのではないでしょうか。

０・１％の成長はいわばベビーステップ（赤ちゃんの歩み）です。毎日少しでもいいから成長することを意識し、習慣づける。これが「０・１％」の目的です。毎日少しでも成長している自分を実感する。これを継続し、少しずつでも成長をコツコツと積み重ねていきます。

あなたは三日坊主の経験はありませんか？　例えば英会話のラジオ講座。４月になるとテキストを購入し、勢い勇んで聴き始めます。でも１週間もすると、もう聴かなくなってしまう。忙しいからと自分に言い訳をして挫折するのです。

恥ずかしながら、私にも経験があります。ラジオ講座を開始したときの心理。それは英語が話すことができるようになっている「将来の自分への期待感」だと思います。今と違う将来の自分。これが成長したという状態です。人は自分の成長を期待して行動を始めます。

ところが、この「成長した」実感を得るのは大変で苦しい思いをすることが多いのです。なぜなら、すぐには成長という果実を手に入れることができないから。毎日努力を積み重ねて、例えば3年後にやっと成長の果実を手に入れることができるようなものです。その道程が長くて疲れてしまうのです。そして、そのうち努力を積み重ねることから離脱し、やらなくなってしまいます。

3行日報で「0・1%の成長」を毎日記録することは成長の果実を毎日得ることができるものです。「昨日から変化した、今日の自分」が毎日残っていくからです。成長している自分を毎日見続けていると、どのような心理になるでしょうか？　それは「やればできる！」です。「やればできる！」の気持ちのことを自己効力感と言います。自己効力感は自分をもっと成長させようとする原動力になるもの。つまり自分の見方（つまり価値観）を1つ上のステージに書き換えるものなのです。

毎日成長を実感するためには、成長のハードルを低くすることがポイントです。その代わり、毎日継続するのです。ハードルを低くすることによって毎日でも成長という果実を手に入れることができるようになります。それを従業員にイメージさせるための問いかけが「昨日よりも0・1%以上、成長できたことは何ですか？」です。

成長を記録すること。これは表の目的です。成長を記録することの本当の目的をお話しします。それは毎日成長するための行動を促すことです。成長という果実を手に入れ、毎日記録するためには、そのための行動をしなければならない。従業員に行動しなさいと言わずに行動を促しているのです。

ベビーステップのパワー

ベビーステップとは小さな行動です。しかし考えてみてください。毎日行動を積み重ねること。これが従業員にとっての大きな成長につながるのです。

人は何か行動をした結果、脳がうれしさを感じると脳の回路がつなぎ変わって、直前にやっていた行動が強化される性質があります。これを「強化学習」と言います。つまり、たとえ小さな成功体験であっても、成功を実感することができれば必ず成長につながります。そして成長したものに、さらに強化の上書きがされる。もし毎日、強化の上書きがされ続けたらどうなるでしょう。加速度的に成長していくことになります。

これを数式でイメージしてみましょう。毎日0・1％成長し続けた場合の理論値です。

1年（365日）　100・1（0・1％）の365乗＝1・44（倍）

5年（1825日）100・1（0・1％）の1825乗＝6・2（倍）
10年（3650日）100・1（0・1％）の3650乗＝38・4（倍）

1年間、0・1％の成長をし続ければ、今より1・44倍の成長になります。5年間であれば、6・2倍。10年間続ければ38・4倍です。これは積み重ねることができたものだけにしか得られない大きな成長です。もし従業員全員がこの成長曲線を続けたならば、あなたの会社はどのようになっていくでしょうか？ 今とは異なるレベルの会社になるはずです。

もちろん、この計算はあくまでも理論値です。ここでお伝えしたいのは毎日少しずつでも成長し続けるということは、成長が加速度的に増すことになるということです。まるで坂の上から雪だるまを転がすように。毎日、転がし続けることこそが大事なのです。

ほとんどの会社は転がし続けられないから、雪だるまは大きくならずに途中で溶けてしまう。その結果、「ひと皮むける」という成長の果実を得られないままになってしまうのです。あなたの会社では「成長の果実」を得る準備ができていますか？

3行目　職場メンバーから学んだこと

3行日報の3行目、いよいよ最終行です。ここには「職場メンバーから学んだこと」を記録します。学んだことといっても堅苦しく考える必要はありません。その人を見て「いいなあ」「ステキだなあ」と素朴に思ったものでいいのです。たとえば、

- **お客様に対する話し方が優しい**
- **大変な仕事も嫌な顔をせず、笑顔で対応している**
- **つくった資料がとてもわかりやすい**

などでもいいのです。

学んだことの条件は一切ありません。仕事に直接関係なくてもいいのです。Ｆａｃｅｂｏｏｋの「いいね！」をつけるようなイメージです。

職場メンバーから学んだことを記録する目的は何でしょうか？　それは「従業員個人」と「職場」の成長を交差させ、どちらも効率的に成長させることです。従業員に他者の強み、いいと

ころを「見習いたい」と意識させることが学びになります。また、その他者も誰かのいいところを学ぶわけです。想像してみてください。職場メンバー全員が、毎日お互いの「強み」、「いいところ」をインストールし合っている状況を。従業員個人と職場が並行して成長していくのです。

学ぶ対象のメンバーは、職位、年齢、性別など一切関係ありません。たとえば、年長者であっても若いメンバーから学べることは、たくさんあります。

仲間に関心をもたせる

ここまで「職場メンバーから学ぶこと」についてお話ししてきました。実は、これは表の目的です。裏の目的、つまり本質的な目的は何でしょうか？　職場メンバーのことを記録するためには必ずあることをしなければなりません。それは仲間を観察することです。

仲間に関心をもち、真剣に観ることを習慣づける。これが毎日記録する本質的な目的です。仲間から学んだことを記録すること。それは仲間の良いところに目を向けるということです。ちょっとした気配り、ステキな笑顔、年下への親切な態度。このような仲間の良いところを積極的に自分の意思で探す。そうするとある感情が芽生えてきます。それは仲間への「敬意」です。敬意をもつとは相手を尊重すること。敬意をもった相手に対しては関わり方が変わるはずです。

それを職場全員で行うことができたとしたらどうでしょうか？　想像してみてください。どのような職場に変わっていますか？　それは「仲間を大切に思う気持ち」にあふれる職場です。あなたの会社を思いやりにあふれる職場にしたいとは思いませんか？

ポジティブを記録すると

自分自身と向き合うことは成長するうえで、そして感情を整理するうえでも、とても大切なことです。しかし忙し過ぎる毎日の中で、自分自身と向き合うことは実に難しい。あなたもそうではありませんか？

3行日報は、毎日自分自身と向き合うための有効な道具となります。3行日報に書かれることは「自分に起きたポジティブな記録」です。この記録が積み重なり、手元に残る。これは落ち込んだときに励ましてくれたり、路頭に迷ったときに道しるべとなってくれます。自分がうまくやってきたこと、自分が仲間から学んだことを見直すことは、自分にとっての良いパターンを見つける機会にもなります。

「3行日報」で発動させる報酬システム

欲求の素になるのが「報酬システム」です。3行日報では、どの報酬システムを発動させることになるでしょうか？

・自己実現（成長）欲求

3行日報の1行目「キャッチコピーにおいて行動したこと」、2行目「昨日よりも0・1％以上成長できたこと」。この2つの行では自己実現（成長）欲求を発動させています。自分の行動を内省し、毎日成長を実感する。これは「やればできる」という自己効力感をつくり出します。自己効力感は自分への期待を引き起こします。「自分の期待に応えたい」、これは最高の報酬になるのです。

人は他人との比較ではなく、自分自身が少しでも進歩があれば、それは脳にとって喜びを感じる性質があります。そして喜びを感じると、脳の回路がつなぎ変わって、喜びを感じたその回路が強化されていく。「自己効力感」は青天井です。

・承認（尊重）欲求

「キャッチコピーにおいて行動したこと」、「昨日よりも0・1％以上成長できたこと」を記録することにより尊重（承認）欲求が発動します。毎日の「素晴らしいこと」を記録するだけでも、自尊心を高める効果があることが調査で報告されています。

- **所属と愛の欲求**

3行日報の3行目「職場メンバーから学んだこと」で発動させるのは「所属と愛の欲求」です。職場の仲間の良いところに目を向けることにより仲間に敬意をもつように誘導します。

- **敬意をもつ素晴らしい仲間がいる職場。**
- **素晴らしい仲間と一緒に仕事をしたい。**
- **素晴らしい仲間に相応しい自分でありたい。**

このような欲求を発動させることで、従業員の態度と行動を変えていきます。

後半3つのステップのテーマは〝従業員個人〟から、〝職場〟という組織に心理誘導を展開していくことです。

組織を心理誘導するということ。それは会社のカルチャーを変化させることです。目指すべきカルチャーは、あなたのビジョンを実現しようとするビジョン型チームです。このカルチャーをつくり込むと同時に、事業成果を積み上げていきます。

ステップ5　オフサイト・フィードバック

ステップ4の3行日報では「職場メンバーから学んだこと」を毎日記録してきました。ステップ5のオフサイト・フィードバックではこの「職場メンバーから学んだこと」をそれぞれの従業員が互いに公開し合います。オフサイトは「現場を離れた場所」、フィードバックは「結果を伝える」という意味になります。

職場メンバーから学んだことを職場メンバー全員で「伝え合い、共有する」。これはどのような意味があるのでしょうか？

職場メンバーAさんがBさんから学んだことを伝える。そうすると、Bさんは学ばれることに値する自分の良いところを知ります。

つまり「他者から見た自分の強み」を知ることができるのです。またAさんも同様にCさんから自分の良いところを伝えられます。このように職場メンバーが互いに学んだことを伝え合うのです。これが職場のメンバーが相互にフィードバックしている状態です。

このように職場メンバーは皆、他者から見た強みを公開の場で伝えられます。そして同席しているメンバー全員で共有されます。

ジョハリの窓

自分のことは自分が一番よく知っている。これは真実でしょうか？　たとえば「自分は、内向的で人と関わるのが苦手だ」と自己認識をしている人がいます。しかしこの人は、他者から「親切で人当たりの良い人。人間関係を築くのがとても上手」と見られています。どちらが本当の自分なのでしょうか？

人は自分に対する「自分の見方」が思い込みであったり、無意識に自己防衛で隠しているものがあったりします。このような、自己認識と他者の見方、他者とのコミュニケーションにおける自己開示の関係をモデル化した

図14：ジョハリの窓

他人から見て ＼ 自分から見て	わかる	わからない
わかる	①開かれた窓（Open Window）	③見えない窓（Blind Window）
わからない	②隠された窓（Hidden Window）	④未知の窓（Dark Window）

ものとして「ジョハリの窓」があります（図14）。これは、「自分」には次の〝4つの領域〟があるという考え方です。

- **自分も他者も知っている〝自分〟（開かれた窓）**
- **他者は知っているが自分は知らない〝自分〟（見えない窓）**
- **自分は知っているが他者は知らない〝自分〟（隠された窓）**
- **自分も他者も知らない〝自分〟（未知の窓）**

ここで重要なのは、「他者は知っているが、自分は知らない〝自分〟（見えない窓）」です。この見えない窓は自分では気がつくことができません。

他者の力を借りて、自分の強みを知る

オフサイト・フィードバックは、他者から見た自分の〝強み〟や〝特徴〟を伝えてもらう機会になります。「他者の力を借りて、自分を知る」のです。自分が強みだと思っていたことを他者が伝えてくれた場合は、その強みが確かなものだと確認することができます。

それでは、もし他者がフィードバックした内容が、自分は気づいていない強みであったらどうでしょうか？　初めて新たな自分の強みを知ることになります。これは他者の力を借りなけ

れば知り得なかった「発見」です。これは新たな、そして他者も認める強力な「自分の武器」になり得るのです。

自分で意識できないものを、自分の意思で活用することはできるでしょうか？　決してできません。他者によって知り得た自分の強み。知り得たからこそ、自分の意思で活かすことができるようになるのです。従業員それぞれが、自分の意思で自分の強みをピカピカに磨く。それが将来にわたり活躍するための源泉となります。

チームのオープンな雰囲気をつくる

オフサイト・フィードバックは職場メンバーが一堂に会し、仲間から学んだことをお互いに公開する場です。

「Aさんの◯◯が素晴らしいと思いました」

「Bさんの◯◯は、誰よりもお客様に喜ばれていました」

「Cさんの◯◯は、自分も見習い、真似したいと思います」

ここは仲間の称賛が飛び交う場なのです。想像してみてください。この場はどのような雰囲気になっているでしょうか？　仲間を称賛するのは気持ちがいいこと。仲間から称賛されるのは、さらにうれしいこと。オフサイト・フィードバックの場には、称賛する人の仲間を称える笑顔。称賛された人のうれしそうな顔。いつも顔を合わせている仲間なので、少し照れてしまうかもしれませんね。

オフサイト・フィードバックでつくられる場の空気。それは仲間への共感。そして仲間とともにいることの心地良さです。この気持ちになるように従業員を心理誘導してきました。この「場の空気」が会社の雰囲気を変えていく。変わっていく雰囲気は会社のカルチャーの形成に大きく影響していきます。

これまでの研究から、ケンカや無視などのマイナスの行動1つに対して、ホメたり抱きしめたりするプラスの行動を5つするのが夫婦円満の秘訣だと言われているそうです。裏を返せば、マイナス1、プラス5が実践できないと夫婦関係にヒビが入ってしまう可能性があるということです。かといってマイナスの部分を取り除ければ良い関係をつくり出すことができるわけではないそうです。なんとも人間とはやっかいな生き物です。

要は、お互いに適切な量と質を満たしたプラスの関わりをもたないと、なかなか親密な人間関係をつくり出すことができないということです。オフサイト・フィードバックでは従業員たちにプラスの関わりをもたせ、〝意図的に〟親密な人間関係をつくり出します。

ホンネを引き出す仕掛け「オフサイト」

オフサイト・フィードバックで仲間への共感と仲間とともにいることの心地良さを引き出す。そのためには1つ条件があります。それは従業員たちが〝胸の内をオープン〟にして「ホンネで話をする」ことです。

考えてみてください。仲間の胸の内はわからないまま、言葉だけが飛び交っている。そのような場で共感や心地良さは生まれてくるでしょうか？ そのような感情は絶対に生まれてきません。

しかし、胸の内をオープンにするのは実際には難しいことです。なぜなら職場の人間関係には「ホンネとタテマエ」が存在しているからです。

会社の中には序列や役割など、さまざまな人間関係が存在しています。個人の利害を伴うことにおいて会社の中でホンネを言うことはタブーです。例えば上司や先輩にホンネで意見すれば、自分に不利益になる可能性があったりする。多かれ少なかれ、従業員は職場でホンネを言うことにタメライがあるものです。

しかし、ホンネでなければ仲間への共感や仲間といて心地良いという「場の空気」になりません。共感できて心地良い場をつくるにはひと工夫が必要です。

「ホンネで話してください」と伝えても、ホンネで話そうと思う従業員はそうそういません。「ホンネで話しても大丈夫」を信用していないからです。だからホンネで話してもらうには演出が必要です。

普段、従業員のホンネが語られている場はどこだと思いますか? 休憩、昼食、タバコ、アフターファイブのアルコール。このような場は「ホンネを話しても大丈夫」という暗黙の空気があります。職場で仕事をしている精神状態から切り替わる。そのことにより仕事のスイッチが〝オフ〟になり開放的な気持ちになる。ここでホンネが語られるということです。

普段仕事をしている精神状態から切り替わる場を意図的につくる。これが従業員にホンネを話してもらうための演出です。「普段仕事をしている精神状態から切り替わる場」、これがオフサイトです。オフサイト・フィードバックは、通常の会議とは位置づけを変えて「場」を設定します。

オフサイトの場にするコツは、職場で仕事をしている精神状態と「落差」をつくることです。落差をつくるには、次のような工夫のしかたがあります。

- **職場と別の場所でやる**
- **会議ではなく「イベント」という位置づけで案内する**

- **主催や進行を従業員にする**
- **お菓子やスナックを食べながらやる**
- **食事、アルコールをとりながらやる**

このような工夫をすることで、職場の精神状態と落差のある「オフサイト」を演出します。

ときには屋外の広場や公園に出てやってみるのもいいかもしれませんね。

オフサイト・フィードバックの進め方

オフサイト・フィードバックは、次の手順で進めます。

1・事前準備

- オフサイト・フィードバックの幹事を決める（もち回りで、各回幹事を変えてもよい）。以下幹事が準備し、運営する
- 各従業員が記載した3行日報の3行目「職場メンバーから学んだこと」を収集する
- 従業員ごとに、その従業員のことが書かれたコメントをまとめる

2・フィードバックの場

- 全員の顔が見えるよう車座になる（机がないほうが望ましい）
- 従業員1人ずつの時間をとり、幹事が「職場メンバーから学んだこと」として寄せられたコメントを紹介する（コメントが多い場合は、代表的なものを紹介する）
- コメントを寄せられた従業員に、①今の気持ち ②今後の抱負を話してもらう
- 職場メンバーから気づいた点や補足情報を発言してもらう
- 全員の拍手で締める
- 次の従業員の時間に移る

3・実施頻度

- 開始1ヶ月間は、週次での実施を推奨
- 1ヶ月過ぎから3ヶ月までは隔週。3ヶ月を過ぎてからは月次で

オフサイト・フィードバックで発動させる報酬システム

欲求の素である報酬システムの話です。オフサイト・フィードバックでは、どの報酬システムを発動させることになるでしょうか？　ここで引き起こす欲求は2つです。

- **承認（尊重）欲求**

1つは承認（尊重）欲求です。オフサイト・フィードバックは、従業員がお互いの良いところを表明し、共有する場です。この場では①自分の良いところを伝えられ　②職場メンバー皆に周知されます。わかりやすく言い換えれば、従業員はここで仲間からホメられ、称賛されます。

ホメられてうれしくないわけはありませんよね。人は承認されたい、尊重されたいという欲求をもっているからです。オフサイト・フィードバックという定期的に承認される機会がある。そこでまたホメられたい。その期待が、いっそう前向きな行動を引き起こすことにつながります。

・所属と愛の欲求

2つ目は所属と愛の欲求です。オフサイト・フィードバックは、職場メンバーが一堂に会して皆で称賛し合う場。ここはリラックスした雰囲気でホンネを話すことができる場なのです。称賛してくれる仲間。ホンネがオープンに話される職場。このような仲間と職場に対して従業員はどのような感情を抱くでしょうか？　それは親近感と共感です。

あなたの親友との関係を想像してみてください。初めて会ったときはとくに深い思い入れは感じなかった2人。信頼関係が築かれてくると、お互い腹を割ってホンネで付き合うようになります。そして心を許せるようになればなるほど親近感と共感が深まります。このような親友とはずっと友達でいたいし、力にもなってあげたい。そのような感情が湧いてくるはずです。職場の仲間にも、これと同じような心理状態をつくります。親近感と共感を強く感じさせ、「この仲間と一緒にやっていきたい」という欲求を発動させるのです。

ステップ
6

3人のリーダー

職場や仲間に対する「価値観」を書き換えたところで次のステップに入ります。このステップ6では、「親近感」「共感」をもった職場をさらに進化させることに、従業員が〝主体的〟に取り組みます。

このステップの目的は、職場と仕事に対する従業員の「視座」を上げることです。「目の前の仕事をこなす」という見方から、どうすれば「もっと職場は良くなるだろうか?」の見方ができるように変化する。これが視座の上がるイメージです。

3人のリーダーは、従業員が職場をもっと良くするために担う役割です。この役割を担うことによって、これまでよりも「一段高い視座」で仕事ができるよう、従業員を心理誘導します。

従業員の視座を上げる

視座とはモノゴトを見る姿勢や立場のことを言います。「視座が高い」「視座が低い」のように、レベルは高低で表されます。本書でたびたび出てくる自分の見方、すなわち「価値観」に含まれる考え方です。

従業員のもっている視座を考えてみましょう。現在の視座はどこにあるでしょうか？　多くの従業員は「目の前の仕事」にあります。この視座が一段高くなるとどうなるでしょうか？自分の目の前の仕事から職場全体に視座が変わります。つまり「職場全体がうまくいっているか否か」という見方です。このように視座が上がると、自分の仕事についても「職場全体がうまくいくためには、どうすべきか」という見方になります。

このステップ6では従業員の視座を職場全体に引き上げる取り組みをしていきます。そもそも、なぜ従業員の視座を一段高くする必要があるのでしょうか？　2つの理由があります。

1つは視座が上がると仕事の質が高くなるからです。目の前の仕事という見方は仕事をこなすことが目的になります。ここから視座が一段高くなるとどうなるでしょうか？「職場全体」から自分の仕事を見ることになります。つまり「職場のパフォーマンスを上げるためには自分は何をすべきか？」という見方で行動するようになるのです。

2つ目は視座が上がると「会社に対する見方」が経営者のものに一歩近づくからです。経営に対する視座は、「会社↑部署↑職場↑従業員個人」という高さのレベルがあります。視座が上がれば上がるほど経営者に近い見方になるのです。本書では従業員の「自分の見方」

と会社の「ビジョン」と重ね合わせることを目指しています。視座を上げることは自分の見方をビジョンに近づけることになります。

視座を上げるための条件

従業員の視座を上げるためにはどうすれば良いでしょうか？　従業員に「視座を上げろ」と言っても上げることはできません。なぜなら視座が上がったところの「見方」がわからないからです。

今の見方は「職場の問題」≠「自分の問題」。これを「職場の問題」＝「自分の問題」に心理誘導していく必要があります。これが「視座が一段上がった」状態です。

では「職場の問題」＝「自分の問題」になるには、どのように心理誘導していけば良いのでしょうか？　その誘導手順を説明します。

1・職場を良くする（改善する）ための役割をもつ
2・職場を観察する
3・職場の問題を見つける
4・仲間に問題を伝える

5・仲間と話し合い、解決のために実行することを決める

この手順のポイントは、現在より一段高い視座の「役割」をもつことです。つまり「職場を良くする」役割です。職場を良くする役割をもつということは否が応でも今より一段高い視座をもたざるをえません。職場の視座から考えない限り、職場を良くする取り組みはできないからです。

職場を良くするための役割を担うこと。そこに仲間を巻き込むこと。それはリーダーシップに他なりません。従業員全員に、職場を良くするためにリーダーの役割をもつ経験をさせるのです。そのため、従業員全員がもち回りでリーダーを務めます。

ここでの「リーダー」は役職ではありません。また職場をマネジメントすることでもありません。一定期間、主体的に職場メンバーに関わる役割です。能力レベルは一切関係ありません。各従業員が自分なりの関わり方をする。自分なりのリーダーを精一杯務める。これが大事なのです。

リーダー＝マネージャー??

リーダーとマネージャー。この2つの言葉は同じように使われることがあります。しかし、

実は意味が異なります。マネージャーは、職務に基づく組織や仕事を管理する公式な役割です。部長や課長のような「管理者」がこれに当てはまります。

一方、リーダーは職務に基づくものでなくてもよいのです。自らが周りに影響をもち、ある目的を主体的にリードしていく人がリーダーです。たとえば友人グループで集まるときに、グループの中心になる人がいます。その人は、グループの中で影響力があるということです。暗黙のうちにグループ内では、その人をリーダーとみなすようになります。だから若手社員でも周りに影響を与え、仲間を引っ張っている人はある意味でリーダーです。「周りに影響を与え、仲間を引っ張っている」、これがリーダーシップを発揮している状態です。

マネージャー＝リーダーではありません。しかし、マネージャーはリーダーである必要があります。反対に、職場におけるリーダーは必ずしもマネージャーである必要はありません。周りに影響を与え、仲間を引っ張っている人がリーダーなのです。従業員の誰もがリーダーになれる可能性があるのです。

あなたの会社では誰がリーダーですか？　一番望ましいのは従業員全員が、自分なりのリーダーシップ・マインドをもっていることです。従業員全員が主体的に仲間に働きかける。このようになったら最高だと思いませんか？

3人のリーダー

このステップでは、従業員全員にリーダーになってもらいます。全員をリーダー経験者にしてしまうのです。従業員全員が交替で職場を良くする目的に向け、主体的に仲間に働きかける。そのための役割を担わせるのが、ここでの作戦です。

従業員に担ってもらう役割が「3人のリーダー」です。これは職場を良くする3つの目的を設定し、目的ごとにリーダーをつけます。目的は次の3つです。

- 職場の人間関係を良くする（人間関係の構築・維持）
- 職場全体視点で、業務を確実に遂行する（職場全体の業務遂行）
- 現状のやり方を見直す（惰性の打破）

この3つが「職場を良くする」視点です。この3つの視点をバランスよく改善していくことが大事なのです。そのため、この3つの目的ごとに次の3人のリーダーをつけます。

1・チームワーク・リーダー
2・ゲーム・リーダー
3・ブレーク・リーダー

それぞれのリーダーについて解説します。

1・チームワーク・リーダー

チームワーク・リーダーは「人間関係の構築・維持」の担当です。職場の人間関係で困ったり、悩んだりしている人に注意を払います。もしそのような人がいたら状況に応じて声をかけ、話を聞きます。チームワーク・リーダーが単独で問題解決にあたる必要はありません。状況を見ながら上司や管理職に相談するところまでを役割とします。

チームワーク・リーダーは、いわば「世話焼きオジサン・オバサン」のようなものです。職場の人間関係は繊細な問題です。そのため問題があっても、なかなか踏み込むことができない。見て見ぬふりをしがちです。チームワーク・リーダーという役割があることによって、人間関係に踏み込むことが了解される状況をつくります。

2・ゲーム・リーダー

ゲーム・リーダーは「職場全体の業務遂行」の担当です。職場の各機能が連携しているかに注意を払います。ここでのポイントは「職場全体」ということです。それぞれの従業員は自分の仕事をもっています。職場全体を見るということは、自分の仕事以外を見ることになります。

自分の仕事以外の他の仕事、これを職場全体という意識で見る。そこで気づいたことを職場メンバーに伝えるのがゲーム・リーダーの役割です。

「自分の仕事以外のことはわからない」、そんな声が出るかもしれません。だからこそ、いいのです。仕事の当事者は、「これまでのやり方が当たり前」と思っているがゆえに見えなくなっているものがあります。当事者以外の素朴な意見が、新しい見方を提供してくれることがあります。

ゲーム・リーダーは職場全体の業務をゲームと見立てたときに、ゲーム全体の流れを見る審判のようなものです。ゲーム・リーダーを務めることにより、自分の仕事以外にも関心を向けられるようになります。

3・ブレーク・リーダー

ブレーク・リーダーは「惰性の打破」の担当です。職場のルールや習慣になっているやり方について「本当にそのやり方でいいのか」と問題を提起する役割です。

職場のルールや習慣は、常識となってしまっていて、その妥当性を振り返ることがなかなかできません。たとえ職場の状況が変わり、非効率なものになっていたとしても、そのままになってしまいがちです。

ブレーク・リーダーは惰性になっている非効率に目を向け、職場メンバーに伝えます。ただし、ブレーク・リーダーが単独で是正にあたる必要はありません。職場メンバーに気づいたことを伝えるところまでが役割です。

職場で常識になっていることに異議を唱えることはなかなかできません。「そんなの常識だろう」「うちはこのやり方でやってきたんだよ」、こんな言葉で正当化されてしまうものです。しかし、考えてみてください。非効率になっている常識は、誰かが問題提起して俎上に載せない限り、是正されることはありません。

ブレーク・リーダーという役割によって、職場の常識に問題提起をすることが了解される状況をつくるのです。ブレーク・リーダーは「そんなバカな！」を言わせてナンボです。ブレーク・リーダーを務めることによって、職場の常識となっている非効率に目を向けられるようにします。

3人のリーダーの実施手順

3人のリーダーは、次の手順で進めます。

1・従業員に「3人のリーダー」の役割を伝える

2・「チームワーク・リーダー」「ゲーム・リーダー」「ブレーク・リーダー」の担当スケジュールをつくる

・基本は、3人が同時に活動する

・リーダーは週次で担当。週単位で交替していく

3・各リーダーは職場を観察し、気がついた点をメモしておく

4・週次のミーティングや朝礼などの機会で、リーダーは気がついた点や自分の考えを職場メンバーに伝える

5・職場メンバーから意見を求める

6・重要な問題については、管理職が今後の扱い方について検討する

リーダーという言葉には「立派な人」「偉い人」「積極的な人」という重いイメージをもちがちです。自信がない、やりたくないと言う従業員が出てくるかもしれません。「お前がリーダーをやれ！」と押しつけてもうまくいきません。ここではリーダーの良し悪しを問うわけではない。「その人なり」のリーダーでいいことを最初に伝えましょう。

経験がないリーダーを務めることに、初めはとまどうかもしれません。リーダーという役割

は経験を通して成長していくものです。リーダーの経験を増やすことによって成果もついてきます。

職場が常に進歩するために

3人のリーダーは職場を常に進歩させるための取り組みでもあります。まず職場の人間関係です。人間関係はふとしたことで変わってしまうデリケートなものです。小さな傷を放っておくと、こじれてしまいがちです。だからチーム・リーダーを置いて常にメンテナンスしておくのです。

次に職場の業務についてです。日々の業務は、当然ながら効率よく質の高い状態にしておきたいものです。そのとき個別の業務だけでなく、それぞれの業務間のつながりが問題になっていることが多いのです。

たとえば受注から手配、出荷、配送、これらをスムーズに行うためには個々の業務の質を良くするだけでは実現できません。各業務がいかに連携できるか、この連携の質がもっとも重要なのです。各業務が連携するためには他業務との調整や協力が不可欠です。しかし個々の業務についている従業員は、自分の業務は見えていても他業務や連携は見えていないことが多いもの。そのため、ゲーム・リーダーに1つ上の視点で、この連携のあり方を見てもらいます。そのような業務の見方ができると、業務の質が総合的に高まります。

3つ目は職場の慣習についてです。職場の慣習はなかなか変えることができないもの。たとえ非効率な業務のやり方をしていても誰も疑わずにそのまま続けてしまいます。非効率なままでいることは会社にとって大変な損失です。そのため、ブレーク・リーダーに慣習や常識を疑う見方をしてもらいます。ブレーク・リーダーを経験することによって組織が固定的な観念にとらわれないよう意識づけしていきます。

3人のリーダーで発動させる報酬システム

さて、報酬システムの話です。3人のリーダーではどの報酬システムを発動させることになるでしょうか？

ここで発動するのは3つの報酬システムです。

- **自己実現（成長）欲求**

1つ目は自己実現（成長）欲求です。リーダーになるということ。これは従業員にとってどのような意味があるのでしょうか？　リーダーを務める経験によって「目の前の仕事をこなす」から「どうすれば、もっと職場は良くなるだろうか？」という見方に視座が上がります。

このような見方が「自分にもできる」という自信をもつ。そのとき社会人として一段高いステージに上がったことを実感できるのです。この実感をもつことができたとき、従業員はどのような思いを抱くのでしょうか？「この会社は、自分のステージを引き上げてくれる」「ここでもっともっと成長したい」、そのような気持ちが湧いてきます。

・承認（尊重）欲求

2つ目は承認（尊重）欲求です。リーダーという立場。それはチームメンバーが尊重して接することが合意された役割です。

考えてみてください。「一従業員として、誰かからの指示に従うだけの立場」と「リーダーとして職場メンバーに問題提起できる立場」。この2つの立場では抱く感情にどのような違いがあるでしょうか？

リーダーとして職場メンバーに問題提起できる立場は、これまでの「一従業員として……」では得ることができない承認（尊重）されているという感情をもつことができます。

承認（尊重）された人は「それに応えたい」という気持ちが湧いてきます。これが責任感です。責任感が「会社をもっと良くしていきたい」という前向きな行動を促します。

・所属と愛の欲求

3つ目は所属と愛の欲求です。リーダーは職場の問題提起をする役割です。それは職場と仲間に対して何らかの影響力を及ぼします。自分の〝影響力のある対象〟に人は愛着をもつものです。自分が影響を与えた職場は「私の」職場になります。

ステップ7

ウシロメタイの告白

本書もいよいよ最後のステップです。ここまでのステップを簡単に振り返ってみましょう。

前半では、会社のビジョンを強くイメージできるようになることをテーマにしました。中盤のステップでは、ビジョンと従業員の役割を重ね合わせ、従業員個々の行動と成長を促してきました。後半のステップに入り、職場と仲間に主体的に関わり、会社への忠誠心と職場の一体感を育むことに取り組みました。

このように段階的に会社のビジョンに対する臨場感を上げてきたわけです。それを受けて最後の仕上げに入ります。

ステップ7「ウシロメタイの告白」は、従業員同士が互いに仲間を気遣い、助けあう。そのようなチームへと育んでいくことに取り組みます。表面的な一体感をあおるだけでは本当のチームになることはできません。〝本物のチームワーク〟が発揮できるように心理誘導していきます。

会社は、安心できないところ？

大昔から人類は群れをつくって生きてきました。一体なぜだと思いますか？　これは生き残るための動物的本能なのです。人類を取り巻く世界はいつでも危険がいっぱいです。野獣などの外敵、気候、ままならぬ食料や資源。そんな厳しい環境の中、人は協力し合って生き延びてきました。1人では難しいことを互いに協力し合うことによって生き残ってきました。つまり、仲間を信頼することで安心感を得てきたのです。

群れの位置づけや意味合いは時代によって変わりました。しかし、仲間といることによって安心感を得たい、その本能は今でもあります。しかも、より精神的に充足できる安心感を求めるようになっています。

会社はどうでしょうか？　会社は目的をもった一種の「群れ」です。会社という群れで従業員は精神的に安心できているのでしょうか？

従業員は多かれ少なかれ、仕事上の問題を抱えています。この問題が暴発してしまったら迷惑をかける。叱責される。評価が下がる。従業員は、いつも恐れているのです。本当は会社という「群れ」にいることによって安心したい。それなのに働いていると、安心どころか不安が募る一方です。

従業員の不安が滞留している職場。このような職場が前向きなカルチャーを築くことができるのでしょうか？　不安が滞留すればするほど、職場の空気は後ろ向きになります。

ウシロメタイ……

仕事の問題で抱える不安な気持ち。それをひと言で言えば「ウシロメタイ」です。

- **かけづらい相手への電話**
- **ややこしいメールへの返信**
- **納期を過ぎてしまっている資料の作成**
- **悩んだまま停めてしまっている指示事項**

このように先延ばししていて、早くやらなければ……と悩んでいる状態。そして自分1人で解決できない状態。これが「ウシロメタイ」状態です。あなたもウシロメタイ気持ちになったことはありませんか？

ウシロメタイことが一番問題なのは、当事者が自分でコントロールできなくなっていることです。そうなると次のような問題が引き起こされます。

- **大事な仕事が完了されず、お客さま対応などに問題が起こる（仕事の問題）**
- **仕事に対する集中力が低下する（従業員の精神的な問題）**

心配でたまらない。だけども、誰にも相談できない。自分ではどうしようもできない。これがウシロメタイ状態です。心配事は会社と職場の求心力を低下させます。

しかし、もし従業員が勇気を出して「ウシロメタイ」を仲間に相談できたとしたら、どうでしょうか？　自分では解決できない問題が、仲間の助言や支援を受けることで解決できるかもしれません。解決できれば不安はなくなります。少なくとも仲間に相談した時点でウシロメタイ気持ちが収まり、精神的に楽になるはずです。

問題は仲間に相談する勇気をどのようにして出させるかです。

そこで取り組むのは、従業員が抱えている「ウシロメタイ」をお互いに告白し合うことです。「ウシロメタイ」を全員が告白する場をつくる。つまり「ウシロメタイ」を安心して表に出し、仲間に相談できる機会を意図的につくってしまうのです。全員が平等に告白する。ここは安心して仲間に相談できる場です。

「ウシロメタイの告白」の実施手順

職場メンバーが一堂に会して行います。従業員1人ずつ順番に、以下の手順で進めていきます。

1・順番の人が自分の抱えている「ウシロメタイ」を発表する

- 初めは職位の上位順で発表するのが望ましい（上の人が発表するのを見ることで、下の人が告白しやすくなるから）
- 発表した「ウシロメタイ」に対する批判は厳禁

2・職場メンバーは、発表した人の「ウシロメタイ」が解決するためにできること、アドバイスやアイデアを発表する。

- メンバー全員が発表することが基本

3・「ウシロメタイ」を発表した人が、今後どのように解決していくかを発表する。

- その場で考えた今後の解決方法を述べる
- 解決の方向性を自己整理することが目的なので、詳細まで詰める必要はない

4・「ウシロメタイ」を発表した人が今の気持ちを述べる

・率直な気持ちを職場メンバーに伝える

これを職場メンバーの従業員全員が順に行います。

「ウシロメタイ」を告白すると……

「ウシロメタイの告白」では、従業員それぞれが抱えている問題を職場メンバーに公開します。「ウシロメタイ」は自分がどうしても見せたくなかった弱みです。その弱みを全員がさらけ出すわけです。オープンな職場という言葉をよく耳にします。しかし一見オープンでも、腹の中では何を考えているのかわからない。表面的にオープンなだけの場合が多々あります。

ウシロメタイの告白は、従業員それぞれの弱みまでオープンにする。オープンにするだけでなく、職場メンバーみんなでその解決に向けて協力し合います。そして解決の糸口を見つけ、みんなでホッとするのです。

ウシロメタイの告白によって職場はどのような雰囲気になるでしょうか？　日頃から表面的ではなく、腹の内を見せられる。このようなオープンな雰囲気になります。つまり単なる職場の同僚を「弱みを見せることができる仲間」という価値観へと心理誘導します。この誘導のプロセスで「チームワーク」のカルチャーを醸成していきます。
もちろん効用は従業員の心理面だけではありません。見えなかった問題がオープンになることによって仕事の滞留が劇的に少なくなります。そのため従業員の仕事の質、そして組織の生産性、その両方が高まることが期待できます。

安心な場にするために

ウシロメタイの告白は「告白しても大丈夫なんだ」という安心が確保されなければ機能しません。そのうえで、場の運営においてはルールを徹底することが大事です。ルールは次の3つです。

【ルール】

①批判は厳禁！　告白した人を責めてはいけない
②告白中は聴くことに専念すること。途中で口を挟んではいけない
③告白した人の問題は他人事ではなく、自分の含めた職場メンバーの問題として臨むこと

この3つのルールは職場メンバーで必ず確認してから開始するようにしてください。またファシリテーター（司会者）をつけて、もしルールを破る行為があったら、しっかり制することが大事です。

ウシロメタイの告白で発動させる報酬システム

欲求の素、報酬システムの話です。ウシロメタイの告白では、どの報酬システムを発動させることになるでしょうか？　もうおわかりですね。所属と愛の欲求です。

人は自分の悩みを他者には見せたくないものです。一方で悩みは解決したいのです。悩みを安心してオープンにできる。それを仲間が理解し、相談にのってくれる。かけがいのない仲間がいる職場こそが、かけがえのない職場です。

- **かけがいのない仲間だから自分の仲間のためにできることをしたい**
- **かけがいのない仲間がいる職場だからもっと職場を良くしたい**
- **職場が好きだから会社に対しても愛着が深い**
- **会社に愛着があるから会社のビジョンが大切**

ウシロメタイの告白では、このように従業員を心理誘導しています。

「影響力の経営」7つのステップの振り返り

前半のステップ1～2では経営者が実現したいと思っているビジョンを「クッキリ」イメージできる状態にすることに取り組みました。

ステップ1のビジョン・ストーリー・マップ（Vマップ）では、ビジョンをビジュアル化し、現在からゴールに至る「ストーリー」として描きました。これまでボンヤリしていたビジョンが「クッキリ」イメージできるようになりました。

次にステップ2のUSP台本では、唯一無二であるビジョン・ストーリーを他社と差別化するための「武器」にすることに取り組みました。14の構文を使い、ビジョン・ストーリーを他者の感情に訴えることができる「台本」に仕立てあげました。これによって従業員はビジョン・ストーリーを日常業務で説明できるようになりました。

続いて中盤のステップ3～4で取り組んだのはビジョンと従業員の役割を重ね合わせることでした。従業員が自分の役割と、その中での「成長」を実感させることによりビジョンへの臨場感を高めていきました。

ステップ3のセルフ・キャスティングでは、従業員は、会社のビジョンと個人の役割を重ねあわせた「自分のキャッチコピー」をつくりました。これによって、会社や仕事における「自分自身のあり方」がハッキリと意識できるようになりました。

ステップ4の3行日報では、毎日の成長と仲間からの学びを毎日記録させました。「キャッチコピー」で掲げたことが実践できているかを毎日振り返り、自分の役割がいつも意識できるようになりました。また毎日の成長を実感させることによって、成長のための行動を日常化しました。

後半のステップ5~7では、チームワークの醸成と従業員の「組織や職場」からの視座をもたせることに取り組みました。

ステップ5のオフサイト・フィードバックでは、従業員同士が互いの良いところを表明し合う機会を設定しました。互いの良いところに目を向けることで、仲間に対する「共感」の感情をもてるようになりました。

ステップ6の3人のリーダーでは、職場を良くするために従業員全員にリーダーの役割をもたせました。従業員は自らが主体的に職場を良くする経験をすることによって「組織」からの視座をもつことができるようになりました。

ステップ7のウシロメタイの告白では、従業員が自分で抱え込んでしまい、悩んでいる仕事の問題を仲間同士でサポートさせました。従業員同士が互いに仲間を気遣い、助け合うことができる「チーム」としての一体感が醸成されました。

このように、7つのステップで段階的に〝従業員と組織の価値観〟を書き換えてきたわけです。このプログラムに着手する前の従業員と組織と、実際に7つのステップを経た「従業員と組織」とを比べてみてください。大きな変化が見られるのではないでしょうか。この変化を総合したものが「ビジョン型のカルチャー」です。

次に、7つのステップを実施してきた〝あなた〟にお伝えしたいこと。それはあなたの会社を成長させ続けるためのお話しです。

カルチャーは定着しなければ意味がありません。反対に熟成していけば、さらに魅力が大きい会社へと成長することができます。どうすれば良いカルチャーが定着し、さらに熟成させることができるのか？　次の第4章でお話ししたいと思います。

第3章　まとめ

・「ビジョン型のカルチャー」に書き換える「7つのステップ」

「ビジョン型のカルチャー」に向けて従業員と組織の価値観を「7つのステップ」で段階的に書き換えていく。

・ステップ1　ビジョン・ストーリー・マップ（Vマップ）

会社のビジョンをビジュアル化し、現在からゴールに至る「ストーリー」として描く。従業員がビジョンを「クッキリ」イメージできる状態にする。

・ステップ2　USP台本

「14の構文」を使い、ビジョン・ストーリーを他者の感情に訴えることができる「台本」に仕立てあげる。ビジョン・ストーリーを他社と差別化するための「武器」にする。

・ステップ3　セルフ・キャスティング

従業員は、会社のビジョンと個人の役割を重ね合わせた「自分のキャッチコピー」をつくる。これにより、会社や仕事における「自分自身のあり方」をハッキリと意識できるようになる。

・ステップ4　3行日報

従業員は毎日の成長と仲間からの学びを毎日記録する。「キャッチコピー」で掲げたことが実践できているかを毎日振り返り、自分の役割をいつも意識できるようにする。

• **ステップ5　オフサイト・フィードバック**

従業員がお互いの良いところを表明し合う。従業員同士が互いの良いところに目を向けることで、仲間に対する「共感」の感情を引き出す。

• **ステップ6　3人のリーダー**

職場を良くするために従業員全員に「3つのリーダー」の役割をもたせ、「組織」からの視座をもつことができるようにする。3つのリーダーは、①チームワーク・リーダー　②ゲーム・リーダー　③ブレーク・リーダーである。

• **ステップ7　ウシロメタイの告白**

従業員が自分で抱え込んでしまい、悩んでいる仕事の問題を仲間同士でサポートする。これにより従業員同士が互いに仲間を気遣い、助け合うことができる「チーム」としての一体感を高める。

第4章

“ビジョン型のカルチャー”を定着させる「3つのポイント」

ビジョンは「無意識レベル」にならないと意味がない

ビジョンや経営理念を毎日唱和している会社があります。これは従業員が繰り返し口にすることによって確認され、浸透させることが目的です。唱和はもちろんとても大事なことです。しかし「言葉そのもの」をただ発しているだけでは意味がありません。日常における1つひとつの行動は、唱えているビジョンの言葉を思い浮かべてから動くわけではないからです。ビジョンは無意識レベルに体に染みこんでいなければ、日常行動とすぐにリンクできません。

ビジョンは1人ひとりの視野や視点に消化できていることが大事です。これが「無意識」になっている状態です。無意識になっているからこそ、日常行動にすぐ反映できるのです。

「影響力の経営」は突き詰めると、この無意識をつくることが目的です。だからこそ「カルチャー」にこだわっているのです。カルチャーは言語ではない。いわば「会社の空気」です。カルチャーが空気になっていれば、組織全体が無意識に、そして自然に、ビジョンとリンクした行動ができるようになります。まるで当たり前のように。

「ビジョン型チーム」という会社のカルチャーをつくり、育てていく。このカルチャーがあれば将来にわたり、従業員があなたの理想通りに行動し続けるようになります。ビジョン型チームのカルチャーに、ワンマン経営は必要ありません。なぜなら経営者のあなたが「こうあって欲しい」と思っていることが、従業員と組織の「無意識」レベルにおいて消化されているからです。だから、あなたはナンバー2の幹部、後継者、そして従業員を信頼して任せることができるのです。

あなたが信頼して任せられるようになると、経営者のあなた自身も上のステージで活動できるようになります。そして経営者のステージが上がると、さらに会社のステージも上がる。これを繰り返し、成長循環に乗せます。

心理誘導の先にあるもの

本書で心理誘導されたあなたの会社は、信頼と共感のカルチャーがつくられ始めています。カルチャーとはワインのようなもの。熟成していくものです。今のカルチャーは、まだ若いワインの状態です。素晴らしいカルチャーにするには熟成させ続けることが大事です。

カルチャーは手をかけ続けないと熟成していきません。放っておいたらたちまち状態が悪くなってしまいます。これもワインと同様です。ではカルチャーを熟成させ続けるには、どうすれば良いのでしょうか？　それは「7つのステップ」を定期的に繰り返し、継続していくことです。

7つのステップを継続し、カルチャーをうまく熟成させていく。そのために経営者である〝あなた〟が心がけなければならないことは何でしょうか。これから、そのポイントを3つお話しします。

第1のポイントは「影響力の経営」を中期計画および年度計画と連動させることです。

第2は、経営者である〝あなた〟が従業員に対して「期待を伝える」関わり方をすることです。

第3は、あなたの会社がビジョン型チームであることを経営者である〝あなた〟が外部にアピールすることです。

それでは1つずつ見ていきましょう。

ポイント1
影響力の経営を中期経営計画および年度経営計画と連動させる

あなたの会社では2つの「経営計画」を策定していると思います。1つは「中期経営計画」。これは3~5年を見据えた計画です。もう1つは「年度経営計画」。これは今年度1年間の計画です。年度経営計画を基に、各部門や従業員個人の目標が設定されます。これらの経営計画策定や目標設定は会社の重要なイベントです。

この中期経営計画および年度経営計画策定のイベントを「影響力の経営」と連動させる。すると、経営計画の質がグッと高くなります。

私が伝えたい本質的な目的は、将来の理想世界として描いたビジョンを実現することにあります。そのために、7つのステップの最初に実施したこと。それはビジョン・ストーリー・マップ(Vマップ)でビジョンを実現する道筋をビジュアル化することでした。これでビジョンを〝クッキリ〟したイメージとして共有しました。では、ビジョンと中期経営計画、年度経営計画はどのような関係なのでしょうか?

ビジョンは計画の位置づけで考えると〝将来のゴール〟です。つまりロングスパンの将来計画と言えます。これを実現することが、会社の目的でしたね。中期経営計画は、ビジョンを実現するために、この3〜5年で取り組むべき計画です。つまり中期経営計画はビジョンを判断基準にするべきなのです。年度経営計画は中期経営計画を実現するための当年度の計画です。だから、中期経営計画がその判断基準になります。つまりビジョン（長期）➡中期経営計画（中期）➡年度経営経営（短期）と判断基準がビジョンから一気通貫で落とし込まれ、連動している。これが、あるべき「経営計画」です（図15）。

中期経営計画、年度経営計画の策定は、会社の取り組みを決める重要なイベントです。会社計画の質によって会社の成果は変わってきま

図15：ビジョンから計画・目標へと落とし込む

す。この計画の質は、ビジョンからの一貫性や整合性と大きく関係しています。

多くの会社は、ビジョンと一貫性や整合性がある経営計画を策定することに課題をもっています。なぜならビジョンが曖昧、つまり将来の理想の姿がボンヤリしているからです。ビジョンがボンヤリしていると、中期経営計画の判断基準もボンヤリしてしまう。そうなると年度経営計画の判断基準もボンヤリしてしまいます。

Vマップからスタートする

あなたの会社もこれに取り組む前は、クッキリとイメージできるビジョンではなかったと思います。しかし今は違います。あなたの会社には「Vマップ」があります。

中期経営計画、年度経営計画を策定する際、必ずVマップを確認するところからスタートしてください。会社は何を目的にしているのか？　将来どのような姿になっていたいのか？　これを確認したうえで、経営計画の議論に移るようにします。この流れによってビジョンとの一貫性、整合性のとれた経営計画にすることができます。裏を返せば、一貫性、整合性がとれた計画を実行することがビジョン実現に直結します。

ポイント 2

従業員に期待を伝える

「影響力の経営」を継続し、カルチャーをうまく熟成させていくためのポイント。その2つ目です。それは経営者である〝あなた〟が従業員に「愛情をもって期待を伝える」ことです。7つのステップの中で、従業員はビジョンに対する臨場感、そして職場や仲間に信頼や共感がつくられていきます。そこにあなたが愛情と期待を注入するとどうなるでしょうか？　従業員は、あなたの期待に応えようとします。

ピグマリオン効果

「マイ・フェア・レディ（My Fair Lady）」をご存知でしょうか。アイルランド出身の劇作家バーナード・ショーが著した戯曲「ピグマリオン」を原作としたミュージカルです。多くの人の記憶に残っているオードリー・ヘップバーン主演の映画は、ブロードウェイのミュージカルを元に製作されたものです。あらすじは次のようになります。

――ヒギンズ教授は友人のピカリング大佐と賭けをする。訛《なま》りのひどい花売り娘イライザに正しい発音と礼儀作法を教え、半年後には社交界に出しても恥ずかしくない一人前のレディに変身させることができるか否か。教授の容赦ないやり方にイライザは恨みを募らせるが、遅くまでレッスンが続いて疲れきった中、突然苦手だった言葉の発音に成功。そのときイライザはヒギンズ教授に対して今までにない感情が芽生え始めたことに気づく。

社交界デビューの日、大使館の舞踏会でイライザは完璧なレディへと変身していた。しかしイライザの中身が伴っていないために一度は大失敗する。それでも再度特訓して再デビューさせると今度は皇太子からダンスを指名されるなど大成功。賭けはヒギンズ教授の大勝利となる。

しかしイライザは自分が賭けの道具であったことに気づいてしまう。ヒギンズ教授を愛し始めていたイライザは大きなショックを受けて彼の元を去っていく。失ってみて初めて気づく彼女の大切さ。ヒギンズ教授もまたイライザを愛し始めていたのだ。許しを請うヒギンズ教授に対して、イライザはこう言った。

「レディと花売り娘との差はどう振る舞うかにあるのではありません。どう扱われるかにあるのです。私はあなたにとってずっと花売り娘でした。なぜなら、あなたは私をずっと花売り娘として扱ってきたからです」――。

この有名なセリフは教育心理学用語でピグマリオン効果と呼ばれ、「人間は期待された通りに成果を出そうとする性質がある」ことを指す言葉となりました。近年、マネジメントにおいても「ピグマリオン効果」の有効性が言われています。つまり、従業員は期待されると、その期待に応えようとします。だから、期待を伝えることは、従業員の意欲と成果を引き出すのに、とても大切です。

社長や経営幹部は従業員から見たら畏《おそ》れ多く、近寄りがたい存在です。あなたが思うよりもずっと、あなたは怖い存在です。従業員によっては雲の上の人と見ているかもしれません。

しかし畏れ多く、雲の上のような人から愛情をもって期待を伝えられたらどうでしょう。真剣に伝えらたらどうでしょう。社長の期待に応えたいと思うのではないでしょうか？

期待は信頼

期待は信頼なのです。もし経営者に信頼されていないと思ったら、その人は経営者を信頼するでしょうか？　絶対に信頼することはありません。人は信頼してくれる人を信頼するのです。「自分を信頼してくれる経営者についていきたい」、従業員はそう思っています。

従業員に「期待を伝える」ことは、いわば燃料を投下するようなもの。注入されると燃え上がるのです。経営者は思いつきで注入するのではなく、絶えず燃料を燃やし続けるべきです。

大事なのは愛情と期待を従業員が「肌で感じられる」ことです。大きな会議など高所から言われても、なかなか愛情と期待を感じることはできません。できるだけ現場で声をかける。できるだけ1人ひとりに声をかける。これが愛情と期待を感じさせる〝コツ〟です。

現場で「頑張っているね！」「期待しているよ」と目を見ながらひと声かける。これだけで従業員にピグマリオン効果をもたらすことができます。

ちなみに期待を伝えるときに「頑張れ」はNGワードなのでご注意を。これは期待を伝えているのではなく、「命令されている」と受け手は判断します。正しい期待の言葉に変換すると、たとえば「頑張っているね」や「期待しているよ」になります。

ポイント 3

「ビジョン型チーム」を外にアピールする

「影響力の経営」を継続し、カルチャーをうまく熟成させていくためのポイント。その3つ目です。それは築いてきた「ビジョン型チーム」を外部にアピールすることです。目指すは「活きの良い会社！」というブランドづくりです。

あなたの会社は外部に「従業員の顔が見えている」会社でしょうか？　お客様や消費者が会社に抱く心象は、商品からだけで形成されるのではありません。そこで働く従業員の姿や様子が大きく影響すると言われています。広報などで従業員を紹介している会社は、そうでない会社と比較して、相対的に株価が高い傾向があるという話もあるぐらいです。あなたの会社は外部に従業員の顔が見えていますか？

伸びる会社の目利きとして評判のファンドマネージャー、藤野英人氏が興味深い話をしています。

――経営者はよく「私たちの会社は社員を大切にしています。社員は『人財』です。『人財』

の財は材料の『材』ではなく財産の『財』なんです」ということを話しますね。いいこと言うなぁと思って、そういう会社のアニュアルレポート（年次報告書）を見てみると社員は一人も映っていなくて、工場のパイプとかがバーンと載っているんですよ。人じゃなくて、パイプが大事なんじゃないかと。アニュアルレポートを見ればこういう嘘はすぐにバレるんですね――

このように、従業員を通して会社が見られる傾向が高まっています。裏を返せば、イキイキと活躍する従業員を外部に紹介できる会社は「活きの良い会社！」というブランドを獲得できるチャンスと言えます。

「影響力の経営」に取り組んでいる会社は、従業員に活気が出てきているはず。そうなると、「従業員の顔が見える会社」にして、ブランドを一気に高めるチャンスです。

このときの経営者の役割は「広報マン」です。トップセールスの場で従業員の様子をアピールし、お客様に好印象を植えつけます。またこの取り組み、従業員や社内の様子について、どのように情報発信すべきかを考えていきましょう。広報戦略に「影響力の経営」を組み込むのです。

この情報発信は外部に対する「ブランド」をつくることが目的ですが、従業員にはどのような影響を与えるでしょうか？　自分たちのことが周囲に紹介される。それに対して反響がある。これは従業員の大きな「報酬」になります。そして外部の人から注目されることによって、あるものが育まれます。それは「責任感」です。この感情がさらに会社と従業員の関係を近づけていきます。

社長自身のステージを上げる

ここまでで従業員の価値観（メンタルモデル）を書き換え、ビジョン型のカルチャーへと誘導してきました。ここまで来た会社は、ステージが一段上がった状態になっています。

実は、ここからが社長の腕の見せどころです。ここからさらにステージを上げていくのか、今のステージに留まるのか。社長である〝あなた次第〟です。会社のステージを上げるための条件。それは社長自身のステージも上げることです。本書を通じて、そのための理論と経験を身につけてきました。今後の経営で進化・発展し続けられるようにしましょう。

第4章　まとめ

・ビジョンは無意識レベルにならないと意味がない

無意識レベルに体に染みこんでいないと、日常行動とビジョンはすぐにリンクしない。無意識レベルで行動するために必要なのが「会社の空気」、すなわちカルチャーである。

・カルチャーを熟成させていくための3つのポイント

1・「影響力の経営」を「中期経営計画」および「年度経営計画」と連動させる

「中期経営計画」および「年度経営計画」を策定する際にはビジョン・ストーリー・マップ（Vマップ）を確認し、ビジョンと一貫性・整合性のある経営計画にする。

2・従業員に期待を伝える

人間は期待された通りに成果を出そうとする性質がある。信頼してくれる人を信頼する。だから経営者は従業員に期待を伝え、従業員の意欲と成果を引き出すことに努めるべきである。

3・「ビジョン型チーム」を外部にアピールする

お客様や消費者が会社に抱く心象は従業員の姿や様子が大きく影響すると言われている。従業員の様子をアピールすることは「活きの良い会社!」というブランドを獲得するチャンスである。

おわりに　経営者の〝あなた〟に伝えたい大切なこと

「影響力の経営」は、従業員と組織を心理誘導します。誘導するのは〝あなた〟、誘導されるのは〝従業員〟です。誘導するあなたは、誘導される従業員を幸せにする責任があるのです。その責任を忘れてはいけません。

その責任を果たすためには「影響力の経営」の実践を通じて、あなたも経営者としてのステージを上げる必要があるのです。人の心を動かす力は、経営者の腕力ではありません。人の心がわかる力、伝える力、総合的な意味での「影響力」なのです。「影響力」とは「人間力」に他なりません。

「影響力の経営」を通して従業員と組織がどのように変化しているのかをしっかり見極める。その変化を見逃さずに従業員と組織に関わり続ける「経営者としての器」が求められるのです。「影響力の経営」を通じて必ずあなた自身のステージを上げてください。それがあなたのためでもあり、従業員のためでもあるのです。

・あなたが、任せられる従業員と組織

- **任せられることによって、責任をもち行動する従業員と組織**
- **そして……幸せそうに働いている従業員**

もし、これが実現できたら、あなたの会社はどんな会社になっているでしょうか？

社会やお客様、そして従業員から「なんて魅力的なんだろう！」と言わせる会社にしましょう。存分に「稼げる」会社にしましょう。

そして、あなたの理想世界として描いた「ビジョン」を必ず実現しましょう。

それを実現できるか否か。それは経営者である〝あなた〟次第です。

【著者略歴】

前田浩樹　（まえだ・ひろき）

合同会社ミクスチュア代表執行役社長。

青山学院大学経営学部卒業。デジタルハリウッド大学大学院修士課程修了。日本電気株式会社（NEC）に入社後、同社シンクタンクである株式会社NEC総研に。経営戦略、組織改革などのコンサルティング、および経営幹部、管理職などの人材育成に従事。15年以上にわたり、のべ500件以上のコンサルティング、セミナー、ビジネスコーチングの実績を持つ。その傍ら専門職大学院でデジタルコミュニケーション領域を研究。先端となる価値創造を探求している。

「経営理論＋心理学＋クリエイティブ技法」を融合させた独自のメソッド『影響力の経営』で固定的な枠組みにある経営コンサルティング業界に一石を投じるべく、2013年に合同会社ミクスチュアを設立。組織と人の“秘めたる力”を最大限に引き出し、変革させる実践者として日々奮闘している。

忙しすぎる社長の教科書

2015年9月22日　第1刷発行

著　者　前田浩樹
発行者　唐津　隆
発行所　株式会社ビジネス社
〒162-0805　東京都新宿区矢来町114番地
神楽坂高橋ビル5F
電話　03-5227-1602　FAX 03-5227-1603
URL　http://www.business-sha.co.jp/

印刷・製本　モリモト印刷株式会社
〈カバーデザイン〉大谷昌稔　〈本文組版〉エムアンドケイ
〈編集担当〉本田朋子　〈営業担当〉山口健志

© Hiroki Maeda 2015 Printed in Japan
乱丁・落丁本はお取り替えいたします。
ISBN978-4-8284-1838-4